ORDONNANCE`
DU ROI

SUR

LE SERVICE DES ARMÉES

EN CAMPAGNE.

Imprimerie de Cosse et J. Dumaine,
rue Christine, 2.

ORDONNANCE

DU ROI

SUR

LE SERVICE DES ARMÉES

EN CAMPAGNE.

DU 3 MAI 1832,

Annotée de toutes les dispositions qui l'ont modifiée jusqu'au
1er avril 1856.

PAR

Al. GARREL,

Commis principal au Ministère de la Guerre.

PARIS

LIBRAIRIE MILITAIRE DE J. DUMAINE,

LIBRAIRE-ÉDITEUR DE L'EMPEREUR,

Rue et passage Dauphine, 30.

—

1856.

ORDONNANCE

SUR

LE SERVICE DES ARMÉES

EN CAMPAGNE.

LOUIS-PHILIPPE, Roi des Français,

A tous présents et à venir, salut,

Vu les règlements de 1753, 1755, 1778, 1788, 1792, 1809 et 1823, sur le service des troupes en campagne;

Considérant que ces divers règlements n'ont fait successivement que reproduire les mêmes dispositions; que, d'ailleurs, ils offrent un mélange de constitutions militaires différentes ou même opposées entre elles; qu'enfin, ils ne sont point en harmonie avec l'organisation des armées françaises depuis leur formation en divisions;

Et voulant, dans l'intérêt de l'instruction de l'armée et dans le but de perfectionner les règles du service, recueillir et fixer le fruit de l'expérience acquise pendant nos mémorables campagnes;

1

Sur le rapport de notre Ministre secrétaire d'Etat de la guerre,

Nous avons ordonné et ordonnons ce qui suit :

TITRE Iᵉʳ.

DE L'ORGANISATION DE L'ARMÉE ET DE SES ÉTATS-MAJORS.

CHAPITRE Iᵉʳ.

De l'Organisation générale de l'Armée.

Formation des armées.

Art. 1ᵉʳ. Le principe divisionnaire est la base de toute formation d'armée.

La réunion de plusieurs divisions sous un seul chef compose, soit une armée, soit un corps d'armée, soit une aile ou un centre d'armée, soit une réserve.

Hors les circonstances extraordinaires, il n'est formé de corps d'armée que pour le cas où plusieurs divisions réunies doivent, pendant une campagne au moins, agir séparément, bien que dans le cercle d'opérations d'une armée. Le commandement d'un corps d'armée est sous les ordres du commandant en chef de l'armée dont ce corps ressortit.

La réunion de plusieurs divisions d'une même armée en aile, centre, réserve ou corps particulier, dépend du commandant en chef, et ne subsiste que pendant le temps qu'il la juge nécessaire.

La division est ordinairement composée de deux

ou trois brigades, soit d'infanterie, soit de cavalerie ; elle comprend des troupes de diverses armes, dans la proportion nécessaire.

Les brigades sont formées de deux régiments au moins ; les premiers numéros prennent la droite, les autres la gauche. Lorsque, dans une division, les régiments sont en nombre impair, l'un d'eux peut n'être pas embrigadé.

Lorsque les circonstances le font juger nécessaire, il est formé des brigades mixtes d'infanterie et de cavalerie légère ; ces brigades sont plus spécialement chargées du service d'avant-garde.

Les compagnies de grenadiers ou de voltigeurs, les escadrons de lanciers ou de tirailleurs, ne peuvent, à moins d'ordres formels du commandant en chef, être distraits de leur régiment que pour le temps où ce dernier ne serait pas en ligne, et seulement pour des opérations de courte durée.

On réserve des troupes de cavalerie légère, particulièrement les hussards, pour le service de flanqueurs, de partisans et généralement pour tout service hors ligne.

Des divisions ou brigades de cavalerie de ligne (dragons et lanciers) peuvent être mises à la disposition des commandants d'aile ou de division.

La cavalerie de réserve fait partie de la réserve de l'armée.

Quand, à raison de la nature de la guerre, la cavalerie de réserve a besoin d'être couverte dans ses marches, bivouacs, camps ou cantonnements, on lui attache des troupes légères , ou de l'infanterie, en nombre suffisant pour ce service.

Par qui sont commandés l'armée , le corps d'armée, les ailes, le centre de l'armée et la division.

2. Toute armée est commandée par un maréchal de France ou par un lieutenant général ; il en est de même de tout corps d'armée.

L'aile droite, l'aile gauche, le centre ou la réserve d'une armée, lorsque le commandant en chef ne s'en est pas réservé la direction immédiate, sont chacun aux ordres particuliers d'un lieutenant général.

Toute division est également commandée par un lieutenant général.

Les maréchaux de France et les lieutenants généraux, pourvus du commandement en chef d'une armée ou d'un corps d'armée, reçoivent du Roi une commission temporaire : dans le premier cas, de *commandant en chef,* dans le second cas, de *commandant* de tel *corps d'armée.*

Les commandants d'aile, de centre ou de réserve, sont au choix du commandant en chef. Ils reçoivent le titre de *commandant de l'aile droite , de l'aile gauche, du centre* ou *de la réserve de l'armée.* Ils n'ont aucun droit d'intervenir dans l'organisation ni dans l'administration des divisions réunies sous leurs ordres; leurs attributions se bornent à la direction de ces divisions dans les mouvements, et sur les champs de bataille.

Les droits, titres et honneurs attachés aux commissions temporaires de commandant en chef et de commandant de corps d'armee, d'aile, de centre ou de réserve d'une armée, cessent avec les fonctions qui y ont donné lieu.

Droits au commandement.

3. En cas de mort, de rappel, de démission ou d'absence temporaire, tout titulaire d'un commandement est provisoirement remplacé par l'officier le plus ancien dans le plus élevé des grades que comprend ce commandement.

Les officiers étrangers ne peuvent exercer, ni titulairement, ni provisoirement, le commandement en chef d'une armée ou d'un corps d'armée.

Ils ne peuvent exercer le commandement d'une place forte, ou d'un poste de guerre, qu'à défaut d'officier français : si donc il s'en trouve dans la place ou le poste, le plus ancien dans le grade le plus élevé parmi eux, quel que soit ce grade, remplit les fonctions de commandant de place. L'officier étranger conserve, d'ailleurs, le commandement des troupes, s'il est supérieur en grade.

Les officiers étrangers peuvent exercer provisoirement le commandement des détachements dans lesquels des troupes des régiments français et des troupes des corps étrangers se trouvent réunies, mais seulement à raison de la supériorité de grade et jamais d'après leur ancienneté, le commandement, à grade égal, revenant toujours, dans ce cas, au plus ancien officier français de ce grade faisant partie du détachement. Quant au commandement par intérim des parties constituées des corps étrangers et au commandement provisoire des détachements uniquement composés de troupes de ces corps, tous les officiers en faisant partie concourent pour les exercer, à grade égal, d'après leur classement d'ancienneté et sans distinction d'origine.

Sont seuls considérés comme officiers français, les officiers nés ou naturalisés français, qui sont pourvus de leur grade conformément à la loi du 14 avril 1832, sur l'avancement; les officiers français ou naturalisés français servant au titre étranger sont assimilés, en toutes circonstances, aux officiers étrangers, et n'ont d'autres droits que ceux dont jouissent ces officiers.

Les dispositions qui précèdent sont applicables aux corps indigènes dans les limites posées par les ordonnances constitutives de ces corps (1).

Lorsqu'en conséquence de l'organisation de l'armée ou de dispositions éventuelles, soit du commandant en chef, soit d'un commandant de corps d'armée, d'aile ou de division, des troupes de cavalerie

---

(1) Nouvelle rédaction substituée à l'ancienne par l'ordonnance du 18 février 1844, *Journal militaire*, p. 45.

sont attachées à un corps ou détachement d'infanterie, le commandant de la cavalerie est, même à grade égal et quelle que soit son ancienneté, sous les ordres du commandant de l'infanterie ; il ne prend le commandement qu'autant qu'il est supérieur en grade. Le commandant d'une troupe d'infanterie, attachée à un corps ou détachement de cavalerie, est soumis, sauf la même exception, aux ordres du commandant de la cavalerie.

Rang des troupes entre elles ; ordre de bataille.

4. Le rang des différentes armes est réglé ainsi qu'il suit :

L'infanterie légère, l'infanterie de ligne, les hussards, les chasseurs, les lanciers, les dragons, l'artillerie à cheval, les cuirassiers, les carabiniers : les troupes de l'artillerie et celles du génie sont au centre des brigades, divisions ou corps d'armée dont elles font partie; les troupes étrangères prennent la gauche des troupes nationales de leur arme.

Cette fixation de rang est subordonnée aux changements que peuvent nécessiter les circonstances de guerre.

Les divisions prennent un numéro d'ordre de bataille, de la droite à la gauche de l'armée ; les brigades en prennent un, de la même manière, dans les divisions.

Dans les rapports d'opérations militaires, les divisions et les brigades sont toujours désignées par le nom du général qui les a personnellement commandées.

Le rang des régiments dans les brigades et des brigades dans les divisions n'est pas invariable; les lieutenants généraux divisionnaires sont autorisés à le changer pour des motifs graves, tels, par exemple, que l'affaiblissement d'un corps qui aurait combattu malheureusement, ou qui aurait, pendant des marches longues et rapides, tenu la queue de la colonne; ils rendent compte de ces changements au commandant en chef. Ils peuvent encore placer dans les différents postes, et faire marcher en détachement les régiments et les brigades indistinctement, toute prétention de supériorité de rang et d'ancienneté devant être subordonnée aux dispositions arrêtées par eux.

Un corps, soit brigade, soit régiment, qui a été détaché de la division, reprend son rang au retour, sauf les cas ci-dessus prévus.

Répartition des officiers généraux.

5. Si, lors de la composition de chaque armée, les officiers généraux n'ont pas été répartis auprès des divers corps de troupes, le commandant en chef fait cette répartition, dans laquelle, du reste, il peut toujours, pendant le cours de la campagne, effectuer les changements que des pertes ou le bien du service rendent nécessaires.

Devoirs des officiers généraux à l'égard des troupes ;
revues.

6. Les officiers généraux commandant les divisions et les brigades assurent, dans les troupes sous leurs ordres, l'exécution des règlements de police et de discipline, d'administration et d'instruction. Ils veillent, avec la plus active sollicitude, à tout ce qui intéresse le bien-être du soldat. Le lieutenant général passe lui-même, quand il le juge convenable, des revues de détail par compagnie ou par escadron. Le maréchal de camp passe ces revues dès son arrivée; il les passe encore au moment d'entrer en campagne ou de reprendre les hostilités, toutes les fois enfin que le bien du service l'exige. Ces officiers généraux examinent l'armement, l'habillement, l'équipement et le harnachement, prescrivent les réparations, se font représenter les chevaux de remonte et les effets neufs, et désignent les hommes et les chevaux qui ont besoin de rester dans les dépôts, ou de marcher avec les équipages. Le maréchal de camp rend compte de ses revues au lieutenant général; celui-ci en fait connaître les résultats au commandant en chef.

Dans les marches, le général de chaque brigade se fait tenir au courant de la force réelle des régiments; il la vérifie pour savoir le nombre des hommes en ligne et pouvoir en rendre compte chaque jour, et surtout après un engagement, au général de la division. Il informe également ce général des réunions de troupes qu'il a ordonnées ou permises pour

1.

des manœuvres de régiment ou de brigade ; il lui demande son agrément pour les réunions qui exigent un déplacement de plus de vingt-quatre heures.

CHAPITRE II.

De l'état-major général.

Chefs d'état-major.

7. Une armée commandée par un maréchal de France a pour *chef d'état-major général* un lieutenant général, et pour *sous-chef d'état-major* un maréchal de camp ou un colonel d'état-major.

Lorsque plusieurs armées sont réunies sous un seul commandant, le chef de l'état-major général prend temporairement le titre de *major général ;* les officiers généraux employés immédiatement sous le major général reçoivent le titre *d'aide-major général.*

Une armée commandée par un lieutenant général a pour *chef d'état-major général* un lieutenant général ou un maréchal de camp, et, pour *sous-chef d'état-major*, un maréchal de camp ou un colonel d'état-major.

Un corps d'armée a pour *chef d'état-major* un lieutenant général ou un maréchal de camp.

Les ailes, le centre et la réserve d'une armée ont pour *chef d'état-major* chacun un maréchal de camp ou un colonel.

Une division a pour *chef d'état-major* un colonel ou un lieutenant-colonel d'état-major.

Précis des fonctions des chefs d'état-major.

8. Les fonctions du chef d'état-major consistent,

1° A transmettre les ordres du général, et à exécuter ceux qu'il en reçoit personnellement pour les travaux extérieurs, l'établissement des camps, les reconnaissances, les visites de postes, et toutes les autres parties du service;

2° A correspondre avec les commandants de l'artillerie et du génie et avec les intendants, afin de tenir le général exactement informé de l'état des divers services;

3° A entretenir avec les corps des relations suivies pour en connaître la situation dans tous ses détails;

4° A fournir au commandant en chef et au ministre de la guerre les tableaux de la force et de l'emplacement des corps et des postes, les rapports sur les marches et les opérations, en un mot, tous les renseignements nécessaires.

Officiers d'état-major.

9. Des officiers d'état-major de différents grades sont attachés aux états-majors d'armée et de division.

Lorsque la répartition de ces officiers n'a pas été réglée par le ministre de la guerre, elle est faite par le chef de l'état-major général.

Dans chaque division, un officier de l'état-major est spécialement chargé de diriger les *divers bu-*

reaux (1); les autres le secondent au besoin, mais sont le plus habituellement employés aux objets généraux du service, tels que les reconnaissances et levés topographiques, les missions, l'établissement des camps ou cantonnements, les ambulances, les magasins, les subsistances, les distributions, les parcs, etc.

Les officiers d'état-major peuvent être chargés aussi de la direction des ouvrages destinés à couvrir les camps et cantonnements (1).

Un officier supérieur d'état-major est désigné pour commander le grand quartier général ; il est spécialement chargé de tout le logement dans les lieux où le quartier-général est établi ; il reconnaît les emplacements à occuper par les postes et les gardes. Il se concerte avec le commandant de la gendarmerie pour maintenir au quartier général la police et le bon ordre.

Les quartiers généraux des ailes et des divisions sont commandés par des officiers d'état-major désignés pour cet objet.

Droits des officiers d'état-major au commandement.

10. *Les officiers d'état-major de tous les grades peuvent être employés dans les postes et dans les détachements.*

Dans les missions spéciales qui leur sont confiées, ils ont, à grade égal, le commandement sur tous les autres officiers employés dans la même mission (1).

______

(1) Nouvelle rédaction conforme à l'ordonnance du 9 décembre 1840, *Journal militaire*, p. 550.

Lorsqu'un officier d'état-major est chargé de diriger une expédition ou une reconnaissance sans avoir le commandement de la troupe, le chef de cette troupe et les officiers des autres armes doivent se concerter avec lui pour toutes les dispositions qui peuvent assurer le succès de l'opération.

Les prescriptions des deux paragraphes précédents s'appliquent à tout officier chargé d'une mission spéciale à laquelle des troupes doivent concourir (1).

Un officier d'état-major, chargé de la direction ou même du commandement d'une troupe, dans un poste ou dans une opération, ne peut étendre son autorité au personnel, à l'administration, ni à la discipline intérieure de cette troupe.

Les officiers supérieurs d'état-major peuvent, sur la proposition du lieutenant général divisionnaire, être appelés par le commandant en chef à remplir, *par intérim*, dans les régiments, les fonctions de leur grade.

CHAPITRE III.

De l'état-major de l'artillerie et de celui du génie.

Organisation de l'état-major de l'artillerie et de celui du génie. Service de ces deux armes.

11. L'état-major de l'artillerie, pour une armée, se compose :

---

(1) Nouvelle rédaction conforme à l'ordonnance du 9 décembre 1840, *Journal militaire*, p. 550.

D'un officier général, qui prend le titre de *commandant de l'artillerie de l'armée ;*

D'un officier général ou supérieur, *chef d'état-major ;*

D'un officier général ou supérieur, *directeur des parcs ;*

D'un certain nombre d'officiers supérieurs et d'officiers inférieurs, déterminé d'après les besoins du service ;

Enfin du nombre d'employés nécessaire.

Il est habituellement attaché à chaque division d'infanterie ou de cavalerie, pour en commander l'artillerie, un officier supérieur ; un capitaine lui est adjoint.

S'il est formé un corps d'armée destiné à agir isolément, l'état-major de l'artillerie de ce corps est organisé comme ci-dessus, avec cette différence que le commandant, le chef d'état-major et le directeur du parc doivent être moins élevés en grade ou moins anciens que les officiers revêtus des emplois correspondants dans l'état-major général de l'artillerie de l'armée dont dépend ce corps.

Le corps de l'artillerie aux armées est chargé,

1° De l'établissement et de la construction de toutes les batteries et du service général des bouches à feu ;

2° De l'approvisionnement de l'armée en armes et en munitions de guerre ;

3° De la construction et de l'établissement des ponts mobiles ou des passages en bateaux.

L'état-major du génie, pour une armée, se compose,

D'un officier général, qui prend le titre de *commandant du génie de l'armée ;*

D'un officier général ou supérieur, *chef d'état-major ;*

D'un officier supérieur, *directeur du parc ;*

Enfin, d'officiers supérieurs, d'officiers inférieurs, et de gardes du génie, en nombre plus ou moins considérable, selon les besoins du service.

Il est habituellement attaché à chaque division d'infanterie un officier commandant du génie, du grade au moins de capitaine de première classe.

S'il est formé un corps d'armée destiné à agir isolément, on y place un commandant du génie, qui peut n'être qu'un officier supérieur ; un chef d'état-major et un chef du parc, s'il y a un parc, qui peuvent n'être que des capitaines.

Le corps du génie aux armées est chargé,

Des travaux de fortification permanente,

Des travaux pour la défense ou l'attaque des places, et des reconnaissances qui se rattachent à ces travaux.

Il peut être chargé aussi,

Des travaux de fortification passagère que les généraux d'armée ou les généraux de division jugent à propos d'établir, tels qu'épaulements, tranchées, redoutes, fortins, blockhaus, têtes de ponts, lignes et camps retranchés, digues d'inondation, etc.;

Des travaux de marche et d'opération, tels que l'ouverture de passages, la construction, le rétablissement ou la destruction d'une route, d'un pont à supports fixes, etc., etc.

Les officiers généraux et les officiers de tout grade de l'artillerie et du génie, qui ne sont pas attachés à une troupe, font partie de l'état-major de l'armée, du corps d'armée, ou de la division où ils sont employés.

Tout commandant de l'artillerie ou du génie reçoit, directement ou par l'intermédiaire du chef d'état-major, les ordres de l'officier général près duquel il est employé; il communique à ce général les ordres qui lui sont donnés par les officiers généraux ou supérieurs de son arme.

Lorsqu'il y a lieu d'établir des garnisons stables dans des places ou des postes militaires conquis ou créés par l'armée, le service du génie et celui de l'artillerie prennent, dans ces places ou postes, les mêmes attributions que dans les places nationales.

Il est défendu aux officiers de l'artillerie et du génie de communiquer à tout autre qu'au général de l'armée, qu'à l'officier général près duquel ils sont employés ou à son chef d'état-major, les états d'approvisionnement, le plan des places et celui des travaux exécutés ou à exécuter.

CHAPITRE IV.

De l'Intendance.

Administration de l'armée.

12. L'administration de toute armée, de tout corps d'armée ou de toute aile, de tout centre, de toute réserve d'armée, a lieu par division, conformément au principe de la formation des armées.

Lorsque plusieurs armées sont réunies sous un même commandement, il est nommé un intendant militaire de ces armées, avec le titre temporaire d'*intendant général*.

Il est attaché à chaque armée un intendant, avec le titre temporaire d'*intendant de* telle *armée ;* il en est attaché de même à chaque corps d'armée, avec titre d'*intendant de* tel *corps d'armée.*

On attache à chaque division un sous-intendant qui, lorsque la force de la division l'exige, a près de lui, pour le seconder, un sous-intendant militaire adjoint.

Il est affecté à chaque aile, centre ou réserve d'armée, pour le service de son quartier-général, un sous-intendant ou un sous-intendant adjoint.

Il peut être exceptionnellement placé, auprès de chaque brigade mixte ou détachée, un sous-intendant militaire ou un sous-intendant militaire adjoint; des membres de l'intendance sont en outre placés près de l'intendant général et des intendants d'armée, pour la direction des services administratifs, pour le service du grand quartier général, pour celui des parcs et pour les missions.

Des employés et des troupes d'administration, dont le nombre et la composition se règlent sur la force de l'armée ou du corps d'armée et eu égard au pays où l'on doit agir, sont mis à la disposition des membres de l'intendance, pour assurer, sous leurs ordres immédiats, l'exécution des divers services administratifs.

Avec qui les intendants sont tenus de correspondre.

13. Les intendants et sous-intendants n'ont à faire de rapports pour le service, qu'au commandant ou au chef d'état-major du corps (armée, corps d'armée, division ou brigade), auquel ils sont attachés.

Rapports journaliers.

14. Les intendants et sous-intendants soumettent aux officiers généraux leurs propositions pour la formation et l'emplacement des magasins, hôpitaux et ambulances, pour les distributions et pour toutes les dispositions propres à assurer les divers services.

Ils leur rendent journellement compte de la situation des magasins, et des ressources de toute nature; ils leur communiquent les ordres qu'ils reçoivent de leur chef immédiat.

Ils leur soumettent également les propositions qui ont pour objet de changer la quotité ou l'espèce des distributions.

Contributions locales.

15. Lorsque les besoins de l'armée l'exigent impérieusement, les généraux commandant en chef ont autorité pour frapper de contributions en argent ou en nature un pays ennemi occupé par leurs troupes.

La même faculté est attribuée aux commandants de corps d'armée.

Aucun autre général ne peut imposer de contributions en argent ou en nature, sans une autorisation écrite du commandant en chef.

Dans aucun cas, le territoire français ne peut être frappé d'une contribution en argent. Il en est de même de tout pays allié ou neutre.

La répartition, la rentrée et l'emploi des contributions sont nécessairement l'objet d'un rapport de l'intendant militaire au général qui a ordonné la levée des contributions et à l'intendant de l'armée ou du corps d'armée.

Attributions spéciales.

16. L'organisation et l'exécution des divers services administratifs, la surveillance et le contrôle habituel de l'administration et de la comptabilité des corps et détachements, l'ordonnancement des dépenses, la vérification et l'arrêté de compte des distributions ou consommations de tout genre, soit que les fonds ou les matières proviennent des pays occupés par l'armée, soit qu'ils proviennent de prises faites sur l'ennemi; enfin, tous les détails de l'administration de l'armée, excepté en ce qui concerne le matériel de l'artillerie et du génie, constituent les attributions spéciales et les devoirs de l'intendance.

Responsabilité des généraux et des intendants.

17. L'ordre de pourvoir et de distribuer constitue, avec les opérations militaires, la responsabilité des généraux; les moyens de pourvoir, sauf le cas prévu par l'article 15, la justification du paiement et

de la distribution, constituent la responsabilité des intendants.

CHAPITRE V.

Des Ordonnances.

Ordonnances.

18. Au début de chaque campagne, les commandants d'armée ou de corps d'armée déterminent la quantité d'ordonnances à cheval que peuvent employer près d'eux les généraux et les chefs d'état-major, soit que ce service d'ordonnances appartienne à une troupe spéciale, soit qu'on le fasse faire par un ou plusieurs régiments. Les généraux commandant en chef fixent également les époques où les ordonnances seront relevées. Quand une division n'a pas de cavalerie, ils désignent, dans toute la cavalerie légère de l'armée ou du corps d'armée, les régiments qui doivent fournir ces ordonnances. Ces fixations et désignations sont annoncées par l'ordre et varient selon les circonstances.

En route, les ordonnances suivent les officiers généraux, et font à la fois le service d'ordonnances et celui d'escorte. Celles qui ne suivent pas immédiatement les généraux ou les chefs d'état-major marchent à la tête des divisions ou des brigades.

Quand les quartiers généraux sont assez à portée des camps pour que les ordres puissent être envoyés par des ordonnances à pied, les généraux font commander pour ce service, si leur garde ne peut y suffire, le nombre d'hommes qu'ils jugent convenable.

L'adjudant-major où l'adjudant sous-officier qui fait partir les ordonnances leur remet un billet indiquant l'heure où elles ont dû se mettre en route. Un officier d'état-major remet aux ordonnances qui sont relevées un billet analogue.

CHAPITRE VI.

Des soldats près des officiers.

Soldats près des officiers.

19. Les colonels et les lieutenants-colonels des régiments sont autorisés à avoir, dans leur logement, chacun deux soldats à leur choix ; les autres officiers sont autorisés à en avoir un. Ces soldats sont exempts de service et de corvée; mais ils rentrent dans les rangs pour marcher, manœuvrer ou combattre.

Les officiers composant l'état-major du régiment, y compris les officiers de santé, choisissent, dans tout le régiment, sauf la confirmation du colonel, le soldat qui leur est attribué; les autres officiers le prennent dans la troupe qui est immédiatement sous leurs ordres.

Les officiers supérieurs et les capitaines ne peuvent faire conduire leurs chevaux de main par des soldats. Les généraux ne permettent d'exception à cette règle que momentanément, et seulement lorsqu'il est constaté que la perte d'un domestique rend l'exception indispensable. Ils peuvent, sur la demande des chefs de corps, autoriser les lieutenants et sous-lieutenants à faire conduire leurs chevaux par des cavaliers.

Les soldats, autorisés exceptionnellement à conduire des chevaux de main, sont pris dans la cavalerie parmi les cavaliers non montés, et dans l'infanterie parmi les moins propres au service actif. Ils ne peuvent monter que des chevaux appartenant à des officiers.

CHAPITRE VII.

Des dépôts.

Emplacement des grands dépôts.

20. Les grands dépôts d'infanterie ou de cavalerie sont établis dans des places et garnisons assez éloignées des points d'opération de l'armée pour qu'ils ne soient pas exposés à de fréquents déplacements.

Les dépôts des régiments d'une même brigade et de ceux d'une même division sont réunis ou du moins rapprochés, autant que possible.

Inspecteurs des grands dépôts.

21. Des inspecteurs généraux sont institués pour les grands dépôts ; ils résident au centre de l'arrondissement qui leur est assigné.

Les détachements destinés à une même division partent, autant que possible, simultanément pour l'armée. Les inspecteurs généraux organisent ces détachements en bataillons, escadrons ou régiments de marche.

Petits dépôts ou dépôts à l'armée.

22. Les petits dépôts ou dépôts à l'armée sont organisés par division et par arme ; ils sont commandés par des officiers à qui des blessures ou les fatigues rendraient le service actif trop pénible.

Ils comprennent, autant que possible, les hôpitaux et les établissements de convalescence.

Lorsque leur force le rend nécessaire, on les met sous les ordres d'un ou plusieurs officiers généraux; il y est attaché dés sous-intendants et des payeurs.

Ces dépôts sont placés de manière à servir de halte et de point de réunion aux détachements qui rejoignent l'armée ; ils versent dans ces détachements les hommes devenus disponibles, et, réciproquement, en reçoivent ceux qui ont cessé de l'être.

TITRE II.

BASES DU SERVICE INTÉRIEUR EN CAMPAGNE.

Dispositions générales.

23. Les règles ordinaires sur le service intérieur des troupes sont observées en tout ce qui n'est pas contraire aux dispositions prescrites par la présente ordonnance.

Les rapports sur les événements de quelque importance sont transmis de suite par tout subordonné à son chef direct.

Les rapports à faire, par les colonels et les officiers détachés, au général de leur brigade, sont déterminés par ce général.

Service de semaine.

24. Les fonctions du capitaine de semaine se réduisent, en campagne, aux distributions ; il prend, en conséquence, le titre de capitaine de *distributions ;* les devoirs de police que lui assigne l'ordonnance sur le service intérieur sont alors remplis par le capitaine commandant la garde de police.

Aucun officier de semaine ne peut s'absenter du camp ou cantonnement, à moins d'en avoir obtenu la permission et de s'être fait remplacer.

Lorsque la situation des camps, cantonnements ou bivouacs, rend le service de semaine trop pénible, le colonel le modifie ou y substitue, avec l'autorisation du général de brigade, le service de jour.

Fixation des heures de service.

25. Le commandant d'un camp fixe les heures du réveil, des rapports, des appels, de la garde, de la soupe, du service des chevaux, des distributions, des corvées de propreté, etc.

Le même pouvoir est attribué à tout commandant de corps, de poste, de détachement isolé ou proche de l'ennemi.

Le signal du réveil est donné par le tambour de la garde de police du régiment qui est campé à la droite de la première ligne.

La corvée de propreté est surveillée par le lieutenant de la garde de police ; les caporaux de semaine font balayer, par les hommes de corvée, les rues du camp et le front de bandière, jusqu'à quarante pas en avant des faisceaux.

A l'assemblée, les sergents de semaine réunissent,

sur le front de bandière, les caporaux et soldats commandés de garde et de piquet, et les présentent à l'inspection des officiers de semaine. L'attention de ces officiers se porte particulièrement sur les armes et les munitions. Le capitaine de police surveille cette inspection.

Au rappel pour la garde montante, les gardes et le piquet se réunissent au centre du régiment, les gardes à vingt-cinq pas en avant des faisceaux, le piquet à douze pas en arrière des gardes; le chef de bataillon et les officiers de semaine sont présents. Après l'inspection, les gardes défilent au commandement du plus ancien capitaine de garde.

Le signal de la retraite est donné, comme celui du réveil, par les tambours du régiment placé à la droite.

Il est fait habituellement trois appels par jour : le premier une demi-heure après le réveil, le second à midi, et le troisième une demi-heure après la retraite. Les compagnies se forment sur le front de bandière; elles sont sans armes aux appels du matin et du soir, en armes et sac au dos à l'appel de midi. Les officiers de semaine sont seuls tenus d'assister aux appels du matin et du soir ; mais à l'appel de midi, tous les officiers doivent être présents.

Des appels sont rendus par les officiers de semaine au capitaine de la garde de police, ceux du matin et de midi verbalement, celui du soir par écrit.

Après l'appel du matin, les sous-officiers et les soldats prennent leurs armes aux faisceaux, les essuient, les mettent en état et les replacent aussitôt après; les officiers de semaine surveillent ces détails.

A l'appel de midi, le chef de bataillon de semaine fait ouvrir les rangs; les capitaines passent l'inspection de leurs compagnies. S'ils trouvent que des armes aient besoin de réparation, ils en font le rapport écrit à leur chef de bataillon qui le transmet sur-le-champ au colonel. Les sergents-majors commandent le service pour le lendemain.

A l'appel du soir, les officiers et les sergents de semaine font la visite des faisceaux. Si l'on prévoit un mauvais temps, le chef de bataillon de semaine ordonne de rentrer les armes dans les baraques.

Quant à la cavalerie, les rassemblements par escadron ont lieu dans les grandes rues du camp. L'appel du pansage se fait habituellement une heure après le déjeûner des chevaux. Les cavaliers se rendent en armes à l'appel de l'après-midi : tous les officiers y assistent.

Lorsque les troupes séjournent dans un camp, le général de brigade ordonne un second pansage, s'il le juge nécessaire.

Formation des ordinaires.

26. Chaque escouade forme un ordinaire; si l'effectif de la compagnie diminue, le nombre des ordinaires est réduit, de manière toutefois à ce que chacun d'eux comprenne toujours de douze à seize hommes. Si la compagnie se divise pour cantonner,

les hommes faisant ordinaire ensemble sont, autant que possible, réunis dans le même cantonnement.

Lorsqu'il est défendu d'aller à l'eau isolément, les sous-officiers de semaine réunissent les cuisiniers et les y conduisent en ordre.

Placement des officiers supérieurs.

27. Quand le régiment est divisé, le colonel réside près de la fraction que le général juge avoir le plus d'importance par sa force, par sa position ou par la nature des opérations qui lui sont confiées.

A moins qu'il n'en soit autrement ordonné, le lieutenant-colonel réside près de la fraction la plus nombreuse après celle que commande directement le colonel.

Les chefs de bataillon restent avec la partie de leur bataillon où leur présence est le plus nécessaire; les chefs d'escadrons avec celui des escadrons sous leurs ordres que leur désigne le colonel.

Major, officiers d'habillement et d'armement; ouvriers.

28. Les fonctions de major, en ce qui concerne la surveillance de la tenue des contrôles, des actes de l'état civil, de la comptabilité en deniers et en matières, sont remplies aux bataillons de guerre par un capitaine désigné à cet effet.

Le lieutenant d'armement est en même temps chargé de l'habillement. Dans la cavalerie, cette double fonction peut être remplie par le porte-étendard.

Le maître armurier et un sellier, un tailleur, un

cordonnier ou un bottier, premiers ouvriers, suivent les bataillons ou escadrons de guerre, auxquels on attache en outre le nombre d'ouvriers *hors rang* qu'on juge nécessaire, s'il ne s'en trouve pas suffisamment dans les bataillons ou escadrons.

Indépendamment de la réparation des armes, le maître armurier est chargé de faire celle des ustensiles de cuisine. Il lui est accordé un ouvrier au moins par bataillon ou par deux escadrons.

Conservation des armes et munitions.

29. La conservation des armes et des munitions doit être l'objet de l'attention continuelle des capitaines; ils veillent à ce que chaque soldat ait contamment son nécessaire d'armes, son épinglette, et au moins deux pierres à feu de rechange garnies de plomb; dans la cavalerie, ils s'assurent, en outre, que le harnachement et la ferrure sont bien entretenus.

Les cartouches des hommes allant aux hôpitaux sont données à ceux qui en manquent. Les balles des cartouches avariées sont retirées et remises à l'artillerie.

Les fusils qui doivent être déchargés le sont avec un tire-balle; ceux qui ne peuvent pas l'être de cette manière sont tirés à l'appel de midi, en avant du front de bandière, et en présence de l'officier de semaine.

Demandes de munitions.

30. Les demandes de munitions sont soumises par

les colonels au général de brigade, puis, après l'approbation de celui-ci, au chef d'état major de la division, qui prend les ordres du général divisionnaire et les transmet au commandant de l'artillerie.

Punitions.

31. L'épée ou le sabre d'un officier aux arrêts de rigueur se dépose chez le commandant du corps; l'épée d'un officier sans troupe, dans le même cas, est remise au chef d'état-major de la division.

Les arrêts sont gardés dans la tente ou baraque. Le poste avancé de la garde de police remplace la salle de police; la prison du quartier général supplée à celle de la place. Il ne doit être consigné au poste avancé de la garde de police que les hommes punis pour fautes de simple discipline et qui, dans le cas d'une attaque, peuvent être renvoyés à leur compagnie.

Les hommes susceptibles d'être jugés par un conseil de guerre sont envoyés à la prison du quartier général et remis à la gendarmerie.

TITRE III.

DES CAMPS ET DES CANTONNEMENTS.

Camps, cantonnements et campement.

32. On entend par *camp* les lieux où les troupes sont établies sous la tente, dans des baraques, ou au bivouac; par *cantonnement*, l'ensemble des lieux habités qu'elles occupent sans y être casernées; par *campement*, la réunion des individus chargés de préparer soit un camp, soit un cantonnement.

Choix et forme du camp.

33. Autant que possible, le général fait d'avance reconnaître l'emplacement du camp ; le choix et la forme en sont déterminés par l'objet qu'il doit avoir : si c'est un camp de marche, l'officier chargé de l'établir ne consulte que la sûreté et la commodité des troupes, la facilité des communications, la proximité du bois et de l'eau, les ressources en vivres et en fourrages ; si ce doit être un camp retranché, un camp destiné à couvrir un pays ; s'il doit inquiéter l'ennemi ou le tromper sur le nombre de troupes qu'il contient, on lui donne une assiette et des dimensions relatives au but qu'on se propose.

Composition du campement.

34. Le campement d'un régiment se compose d'un adjudant-major, d'un adjudant, et, par compagnie, du fourrier, d'un caporal et de deux soldats. Tout adjudant marche avec le campement de son bataillon, quand celui-ci doit camper séparément. Le général détermine, selon que les régiments doivent cantonner ou camper, être divisés ou réunis, si la garde de police marchera ou non avec le campement ; il peut faire marcher avec le campement, des bataillons, compagnies ou escadrons, lorsqu'il croit cela nécessaire pour assurer sa marche, pour occuper des débouchés, des villages ou tout autre point dont il faudrait s'emparer à l'avance.

Les équipages ni les chevaux de main ne peuvent, sous aucun prétexte, marcher avec le campement.

Réunion du campement.

35. *Lorsque le général peut envoyer à l'avance préparer le camp, il donne au chef d'état-major ses instructions à cet égard ; si la récolte n'est pas faite, il prescrit les dispositions nécessaires pour assurer la conservation ou la répartition des grains et des fourrages. Le chef d'état-major demande aux corps leur campement qu'un officier supérieur d'état-major est chargé de conduire (1).*

Devoirs de l'adjudant-major de campement.

36. L'adjudant-major chargé du campement reconnaît ou fait reconnaître les abreuvoirs et les endroits où les hommes peuvent prendre de l'eau ; il signale ceux qui seraient dangereux, soit par la proximité de l'ennemi, soit par toute autre cause. Si, pour les rendre plus praticables, quelques travaux sont nécessaires, il les fait exécuter par des hommes de la garde de police ou par des habitants.

Il reconnaît en outre, à portée du camp, une maison où l'armurier et le sellier puissent travailler.

Lorsque le campement n'a pas précédé la troupe, un adjudant-major est chargé de prendre les dispo-

---

(1) Modification apportée par l'ordonnance du 8 avril 1837, *Journal militaire,* p. 176.

sitions ci-dessus aussitôt après l'arrivée de celle-ci au camp.

Guides et sauvegardes.

37. Les officiers de campement envoient au devant des troupes, si cela est nécessaire, des fourriers, des caporaux ou des soldats avec des guides du pays.

L'officier commandant le campement ou l'avant-garde fait placer des sauvegardes dans les hameaux, maisons ou magasins à proximité du camp, et si la rareté de l'eau l'exige, des sentinelles aux puits et fontaines. Ces sauvegardes sont relevées à l'arrivée des régiments par des hommes désignés pour ce service.

Ordre donné avant l'établissement du camp.

38. En arrivant au camp, et pour les rassemblements généraux, l'infanterie se forme sur le front de bandière ; la cavalerie, au contraire, se forme en arrière de son camp ou bivouac.

Les officiers généraux activent le plus possible l'établissement des troupes dans le camp, surtout après des marches longues et pénibles.

L'ordre est donné, dans chaque brigade, par le général aux colonels personnellement ; dans les régiments, par le colonel aux officiers supérieurs, aux commandants des compagnies, aux adjudants-majors et aux adjudants réunis en cercle, les sergents-majors étant derrière leurs capitaines. L'ordre a pour objet de faire connaître le nombre d'hommes que le régiment doit fournir pour les gardes, pour le piquet et pour les ordonnances ; la nature, l'heure, le lieu des distributions et les corvées qu'on doit y envoyer ; les travaux à exécuter pour établir des communications ou retrancher des postes ; les dispositions relatives au départ et toutes celles qui concernent le bon ordre et le service intérieur ou extérieur du camp.

L'adjudant-major et l'adjudant de semaine commandent le service.

Les capitaines donnent à haute voix l'ordre à leur compagnie, en y ajoutant les explications nécessaires ; les sergents-majors commandent les hommes de service.

L'officier supérieur de semaine fait réunir les gardes et le piquet ; les gardes partent sans délai pour leurs différents postes.

Entrée dans le camp.

39. Les dispositions précédentes étant prises, le drapeau est planté au centre du bataillon avec lequel il marche ; les compagnies forment les faisceaux ; deux hommes de corvée établissent les chevalets sous la direction d'un sergent, qui ensuite y place les armes.

Les corvées pour les vivres, le bois, les fourrages, et les détachements pour les travaux, sont réunis en arrière des faisceaux. Les hommes qui ne sont pas de service contruisent les baraques.

Si l'on est à portée de l'ennemi, le piquet reste

sous les armes jusqu'à la rentrée des corvées ; dans ce cas, il est au besoin renforcé par un certain nombre d'hommes de chaque compagnie,

Dans les troupes à cheval, l'étendard est confié provisoirement à la garde de police.

Chaque division se porte un peu en arrière de l'emplacement où doivent être attachés ses chevaux, et s'y forme sur un rang, ainsi qu'il est prescrit, art. 42. On met alors pied à terre : des cavaliers sont désignés pour tenir les chevaux ; les autres, après avoir placé leurs armes en faisceaux, plantent les piquets et y fixent les cordes ; on ne s'occupe des baraques que lorsque les chevaux sont attachés et qu'il a été pourvu à leurs besoins. Les baraques étant construites, chaque homme pose, contre le côté le moins exposé à la pluie, son fusil, son mousqueton ou sa lance ; il y suspend son sabre et la bride de son cheval.

L'étendard est ensuite porté à la baraque du colonel.

Instruction pour le tracé d'un camp.

40. Les termes de tête ou de front, de flanc, de droite, de gauche, de file et de rang, ont pour le camp la même acception que pour l'ordre de bataille.

Toutes les dimensions pour le camp sont mesurées en pas de deux pieds ; trois de ces pas équivalent à deux mètres.

L'étendue du camp est ordinairement égale au front de la troupe qui doit l'occuper.

La grandeur des baraques varie suivant l'espèce de matériaux qu'on peut y employer; mais en général les grandes baraques sont à préférer; les baraques ont, pour vingt hommes, sept pas de large sur dix de long; pour seize hommes, sept pas sur huit; pour huit hommes, quatre pas sur huit. Les baraques pour la cavalerie devant contenir les selles, sont occupées par un plus petit nombre d'hommes.

Les baraques sont disposées par files et par rangs.

Le nombre des rangs varie selon la force des compagnies ou des escadrons, et selon la dimension des baraques (1).

Camp d'infanterie.

41. Dans l'infanterie, chaque compagnie a deux files de baraques, séparées par une grande rue dont la largeur dépend généralement de l'étendue du front de la troupe, mais ne peut être moindre de cinq pas; l'intervalle d'une compagnie à une autre forme une petite rue de deux pas de large. La première et la dernière file de baraques d'un bataillon restent isolées. L'intervalle qui sépare les bataillons est de vingt-quatre pas, comme dans l'ordre de bataille.

Si les baraques sont pour vingt ou pour seize hommes, leur grand côté est dans le sens de la profondeur du camp; leur ouverture est sur le petit côté placé vers le front de bandière. La distance entre

---

(1) Voy. à la suite de l'ordonnance, après la table, l'Instruction du 14 juin 1843 pour le tracé et l'élévation des tentes et manteaux d'armes.

chaque rang forme alors une rue de cinq pas. (*Voir* planche Ire.)

Pour donner au camp d'infanterie moins de profondeur, le grand côté des baraques, lorsqu'elles sont pour huit hommes, est placé parallèlement au front de bandière; leur ouverture est sur la grande rue. La distance entre chaque rang est alors de trois pas. (*Voir* pl. II.)

Les chevalets pour les armes sont à quinze pas en avant du premier rang de baraques. Chaque compagnie a deux chevalets placés devant son centre; l'intervalle qui sépare ces chevalets varie selon l'étendue du front.

Le drapeau est placé sur la même ligne que les chevalets.

Les cuisines sont à vingt pas en arrière du dernier rang de baraques. Les baraques du petit état-major et des cantiniers sont à vingt pas en arrière des cuisines; celles des officiers de compagnie, à vingt pas plus en arrière, enfin les baraques de l'état-major, à vingt pas en arrière de celles des officiers de compagnie.

Les officiers d'une même compagnie campent derrière le centre de cette compagnie, le capitaine à droite, le lieutenant et le sous-lieutenant dans une même baraque à gauche.

Tout chef de bataillon campe ordinairement derrière le quatrième peloton de son bataillon; l'adjudant-major campe derrière le second peloton et le chirurgien derrière le septième.

Le colonel et le lieutenant-colonel campent derrière le centre du régiment de manière, toutefois, à ne point occuper l'intervalle qui sépare les bataillons, cet intervalle devant toujours rester libre dans toute la profondeur du camp.

L'adjoint au trésorier et le porte-drapeau campent à portée du colonel et sur le même alignement.

La garde de police est établie sur l'alignement des baraques du petit état-major, au centre du second bataillon, dans un régiment de trois bataillons; derrière la droite du second bataillon, dans un régiment de deux bataillons. Elle a un abri ouvert du côté du front de bandière; cet abri est de trente pas de long pour un régiment de trois bataillons. Il en est construit un plus petit, à droite du grand, pour les officiers de garde. Le chevalet pour les armes est à gauche, à hauteur du devant de l'abri; le chevalet pour les armes du piquet est à quatre pas en arrière de celui de la garde de police.

Le poste avancé de la garde de police est à deux cents pas environ en avant de la ligne des chevalets vis-à-vis du centre du régiment, en ayant égard à la configuration du terrain; il a un abri proportionné à sa force. La baraque pour les prisonniers est à quatre pas en arrière de cet abri. Dans un régiment qui campe en seconde ligne, le poste avancé de la garde de police est placé à deux cents pas en arrière des baraques des officiers supérieurs.

Les chevaux des officiers de l'état-major et ceux

des équipages sont placés à vingt-cinq pas en arrière des baraques de l'état-major.

Les voitures sont parquées sur le même alignement que les chevaux des équipages ; auprès d'elles campent l'officier d'armement, les maîtres-ouvriers et les ouvriers, ainsi que les soldats du train.

Les latrines de la troupe sont placées à cent cinquante pas en avant du centre de chaque bataillon ; celles des officiers à cent pas en arrière de la dernière ligne des baraques. Les unes et les autres sont entourées d'une feuillée.

On a représenté, planche Ire, un camp formé de baraques pour seize hommes. Le front de chaque bataillon est supposé de deux cent trente-huit pas ou de huit cent quarante hommes. Cette étendue peut être réduite à cent soixante-six pas, en diminuant la largeur des grandes rues jusqu'à la dimension de cinq pas.

Si l'on devait réduire davantage le front du camp d'un bataillon, on ne donnerait qu'une file de baraques par compagnie ; les deux compagnies formant division seraient séparées par une grande rue, et chaque division par une petite rue.

Dans le camp représenté planche II, les baraques sont pour huit hommes ; leur grand côté est parallèle au front de bandière. Le front de chaque bataillon est supposé de deux cent trente-huit pas. On peut réduire cette étendue jusqu'à cent quatre-vingt-deux pas, en diminuant jusqu'à cinq pas la largeur des grandes rues.

Si le camp du bataillon devait avoir moins de cent quatre-vingt-deux pas, on ne donnerait qu'une file de baraques par compagnie ; de grandes rues sépareraient les compagnies formant division.

L'artillerie doit toujours camper à proximité des troupes auxquelles elle est attachée, de manière à en être protégée en cas d'attaque, et à concourir avec elles à la défense du camp. Les sentinelles nécessaires à la sûreté du parc sont fournies par l'artillerie, et en cas d'insuffisance par l'infanterie.

Camp de cavalerie.

42. Dans la cavalerie, chaque escadron a deux files de baraques, une par division.

Les baraques, quelle que soit leur dimension, ont leur grand côté parallèle au front de bandière, et leur ouverture sur la rue, à gauche de chaque file de baraques.

Les chevaux de chaque division sont placés sur une seule rangée, faisant face à l'ouverture des baraques ; ils sont attachés par des cordes à des piquets plantés fortement en terre, à une distance de trois à six pas de la file des baraques de la division.

L'intervalle qui sépare les files de baraques doit être tel que, le régiment étant rompu en colonne par division, comme on l'indique planche III, chaque division de la colonne soit sur l'alignement de l'emplacement où doivent être attachés ses chevaux ; chaque intervalle forme une rue perpendiculaire. La deuxième rue de chaque escadron est plus large que la première, de tout l'intervalle qui doit séparer les escadrons en bataille. Cet intervalle reste toujours libre dans toute la profondeur du camp.

Les chevaux du second rang sont chacun à la gauche de leur chef de file. Les chevaux des lieutenants et sous-lieutenants sont à la droite des pelotons ; ceux du capitaine-commandant, à la droite de la première division ; ceux du capitaine en second , à la droite de la deuxième division.

L'espace qu'occupe un cheval est d'environ deux pas et demi (cinq pieds) ; le nombre des chevaux à placer dans une rangée détermine la profondeur du camp de la troupe et la distance entre les rangs de baraques; les fourrages se placent entre ces rangs.

Les cuisines sont à vingt pas en avant de chaque file de baraques.

Des sous-officiers des escadrons sont placés dans les baraques du premier rang. Les baraques du petit état-major, des ouvriers, des conducteurs des équipages, des cantiniers et des blanchisseuses, forment le dernier rang du camp de la troupe. La garde de police a son abri sur le même rang, vers le centre du régiment ; ses armes sont posées contre l'abri.

Les baraques des officiers ont leur grand côté perpendiculairement au front de bandière ; elles sont placées sur deux lignes, en arrière et sur le prolongement des files de baraques de la troupe, celles des officiers d'escadron à une distance de trente pas , celles des officiers de l'état-major à trente pas plus en arrière.

Les capitaines campent derrière la droite de leur escadron, les lieutenants et les sous-lieutenants derrière la gauche; les chefs d'escadrons campent derrière un des escadrons soumis à leur commandement.

Le colonel campe derrière le centre du régiment, le lieutenant-colonel à sa droite, les adjudants-majors ensemble à sa gauche; l'adjoint au trésorier et le porte-étendard campent ensemble derrière un des escadrons de droite.

Les officiers de l'état-major ont leurs chevaux près de leurs baraques, sur le même alignement que ceux des escadrons.

Les chevaux à l'infirmerie sont placés sur une rangée à la gauche ou à la droite du régiment. Les hommes qui en prennent soin sont établis dans des baraques formant une file particulière; l'artiste vétérinaire et ses aides occupent ensemble la dernière baraque, sur le rang de celles du petit état-major.

Les forges et autres voitures sont parquées en arrière de l'infirmerie.

Les chevaux des équipages et des cantiniers sont placés sur une ou plusieurs rangées, à hauteur des baraques de l'état-major et sur l'alignement de ceux de l'escadron de gauche ou de l'escadron de droite.

Le poste avancé de la garde de police est à deux cents pas environ en avant du premier rang de baraques, et habituellement vis-à-vis du centre du régiment. Autant que la configuration du terrain le permet, il est établi comme celui de l'infanterie. Ses chevaux sont placés sur une ou deux rangées.

Les latrines pour la troupe sont à cent cinquante pas en avant du premier rang de baraques ; les latrines pour les officiers à cent pas en arrière de la ligne des baraques de l'état-major. Les unes et les autres sont entourées d'une feuillée.

La planche III représente un camp de cavalerie dont les baraques sont pour seize hommes. Le régiment est supposé de six escadrons de soixante-quatre files chacun, et ayant ensemble un front de six cent quatre-vingt-seize pas (464 mètres), y compris cinq intervalles d'escadron.

Si le régiment est moins nombreux, il suffira de réduire la largeur des rues (1).

---

(1) *Instruction sur le campement d'une batterie d'artillerie (conformément aux dispositions de l'ordonnance du 3 mai 1832, sur le service des armées en campagne), approuvée par le Ministre, le 8 août 1835.* (Direction du Personnel et des Opérations militaires, Bureau de l'Artillerie.)

Paris, le 8 août 1835.

Une batterie d'artillerie est campée dans trois files de baraques, une par section, séparées par deux grandes rues de 32 mètres de longueur ; les rangées de baraques sont disposées de manière à former des rues transversales de 10 mètres.

Chaque baraque de 5^m,20 sur 4^m,75 contient 12 hom-

Défense de s'établir dans les maisons.

43. Aucun officier ne peut s'établir ni placer ses

---

mes : un brigadier ou artificier, 5 servants ou hommes
ne conduisant pas de chevaux, et 6 conducteurs.

Elles pourraient rigoureusement n'avoir que $4^m,70$ sur
$4^m,70$. En disposant les harnais comme on le fait ordinairement, les colliers des deux chevaux d'un même couple
appuyés l'un contre l'autre, les attelles en dehors, les colliers des deux autres chevaux du même attelage placés de
la même manière, appuyés contre les premiers ; les deux
selles par-dessus les colliers l'une sur l'autre, les panneaux
au-dessous ; les harnais de 4 chevaux occupant une longueur d'à peu près un mètre : par conséquent, les harnais
des chevaux soignés par les six conducteurs de chaque baraque prendraient 3 mètres, ou les $3/5^{es}$ de la bande destinée au placement des harnais, et il resterait à la rigueur
un placement suffisant pour les selles des servants de l'artillerie à cheval. Mais en construisant pour l'artillerie, qui
n'y logera que 12 hommes, des baraques de mêmes dimensions que celles de la cavalerie, qui peuvent en recevoir 14,
les canonniers se trouveront parfaitement à l'aise, de leurs
personnes et pour le placement de leurs effets.

Les baraques ont leur ouverture sur le front de bandière;
cette disposition, différente de celle adoptée dans la cavalerie, est nécessaire à cause du camp de l'artillerie à cheval,
dans lequel les chevaux sont répartis des deux côtés des
baraques.

Les chevaux des batteries montées sont placés sur une
seule rangée, à gauche et dans toute l'étendue de la file des
baraques ; les prolonges ou piquets auxquels ils sont attachés, sont fixés à 6 mètres de la file des baraques : les

équipages dans les maisons qui sont sur le terrain

chevaux de trait des batteries à cheval sont placés de la même manière; les chevaux des servants sont placés à droite, d'une manière analogue, dans une étendue correspondant aux quatre premières baraques de chaque file.

Les cuisines sont à 20 mètres en avant de chaque file de baraques.

Les sous-officiers des sections sont placés dans les baraques du premier rang, ceux employés à la réserve sont logés à la baraque centrale du dernier rang; les deux autres baraques de ce rang sont destinées, l'une à loger au besoin les hommes employés au service d'une infirmerie qu'il serait nécessaire d'établir, l'autre, à recevoir la blanchisseuse et la cantinière que la batterie pourrait avoir à sa suite.

Les baraques des officiers sont placées sur les files latérales, à 20 mètres en arrière de celles de la troupe; les capitaines à droite, les lieutenants à gauche.

Le parc est établi à 30 mètres en arrière des baraques des officiers; son axe dans le prolongement de celui du camp; les intervalles entre les files de voitures sont de 3 mètres, afin que les visites et les travaux puissent se faire avec facilité; la distance entre les rangs est de..... mesurée par la longueur des attelages de 6 chevaux.

La garde du parc est placée 20 mètres en arrière.

Enfin, conformément à l'usage, à 150 mètres environ, en avant du camp, on dispose, dans un lieu couvert, des latrines pour la troupe; à 100 mètres en arrière, on fait une disposition semblable pour les officiers. (*Journal militaire,* p. 63.)

(*Voir à la fin du volume le plan du camp d'une batterie d'artillerie.*)

qu'occupe une brigade, lors même que ces maisons sont vides, à moins toutefois d'une autorisation expresse du général de la brigade, qui, dans ce cas, rend compte au général de la division.

Communications à établir.

44. Quand le général a jugé nécessaire d'établir des communications, les colonels reconnaissent le terrain accompagnés du lieutenant-colonel et d'un adjudant major. Le général assigne à chaque régiment sa portion du travail nécessaire pour cet objet.

Les outils qui manquent aux régiments leur sont fournis par le parc du génie, ou, à défaut, par le parc de réserve de l'artillerie, *d'après les ordres du général* (1).

Bivouacs.

45. Les bivouacs sont établis de préférence sur des terrains secs, abrités, et à portée des ressources en vivres et en fourrages.

Lorsqu'un régiment de cavalerie doit bivouaquer, le colonel, après avoir pris les mesures de sûreté nécessaires, l'établit, autant que les localités le permettent, dans l'ordre suivant :

Le régiment étant en bataille en arrière de l'emplacement sur lequel il doit bivouaquer, le colonel fait rompre par pelotons à droite. Les chevaux de

-----

(1) Paragraphe ajouté par l'Ordonnance du 8 avril 1837, Journal militaire, p. 176.

chaque peloton sont placés sur une seule rangée et attachés comme il est prescrit pour le camp ; ils restent sellés toute la nuit. Les fusils, mousquetons ou lances sont d'abord formés en faisceaux en arrière de chaque rangée de chevaux ; les sabres, auxquels on suspend les brides, sont posés contre les faisceaux.

Les fourrages sont placés à la droite et sur le prolongement de chaque rangée de chevaux. Deux gardes d'écurie par peloton restent près des chevaux.

Un feu est établi par chaque peloton vers le front de bandière, à vingt pas à gauche de la rangée des chevaux. Les hommes se placent à l'entour et construisent un abri, s'il est possible. Chaque cavalier porte alors contre l'abri ses armes et la bride de son cheval.

Les feux et les abris pour les officiers sont établis en arrière de la ligne des cavaliers.

L'intervalle entre les escadrons doit rester libre dans toute la profondeur du bivouac. L'intervalle entre les abris doit être tel que les pelotons puissent se porter facilement à leur place de bataille, soit en arrière, soit en avant du camp.

La distance où l'on est de l'ennemi détermine la manière dont les chevaux sont pansés et conduits à l'abreuvoir ; quand il est permis de desseller, les selles sont placées en arrière des chevaux ; elles sont garnies de la schabraque ; la couverte est toujours pliée.

Dans les bivouacs d'infanterie, les feux sont établis en arrière de la ligne des faisceaux sur l'emplacement qu'occuperaient les baraques, si l'on était campé; les compagnies se placent alentour et, s'il se peut, construisent des abris.

Lorsqu'il y a lieu de craindre une surprise, l'infanterie prend les armes à la pointe du jour, la cavalerie monte à cheval jusqu'à la rentrée des reconnaissances. Si l'on doit démonter les armes pour les nettoyer, on ne le fait que successivement.

Cavalerie et infanterie dans les villages.

46. A raison de la conservation et de la subsistance des chevaux, on doit placer la cavalerie dans les villages, toutes les fois que la distance où l'on est de l'ennemi et le temps dont elle peut avoir besoin pour se rendre à sa place de bataille le permettent. Elle occupe alors plus ou moins de villages, selon ces deux circonstances.

Quand les logements n'ont pu être préparés à l'avance, un adjudant-major de chaque régiment désigne l'emplacement des escadrons, d'après l'ordre de bataille. Les fourriers reconnaissent promptement les maisons assignées à leur escadron, le logement est établi de préférence dans les fermes et dans les auberges qui sont pourvues de grandes écuries, surtout dans celles qui ont une place libre devant elles.

Le colonel indique un point de rassemblement en cas d'alerte; ce point est ordinairement en dehors du cantonnement; il doit offrir des issues commodes et une retraite assurée sur d'autres cantonnements ; les abords en sont rendus difficiles à l'ennemi.

Lorsque les ordres relatifs au service, aux distributions et au départ, sont donnés, l'adjudant-major forme les postes et fait conduire, par la garde de police, l'étendard au logement du colonel. Le chef d'escadron de semaine place le piquet, auquel il est assigné une écurie particulière ou un hangar. Le colonel, assisté du lieutenant-colonel, place lui-même les grand'gardes. Une sentinelle est quelquefois placée dans le clocher, ou sur un édifice élevé, pour annoncer, par un coup de mousqueton, l'approche de l'ennemi. Les postes étant établis, les escadrons sont conduits devant leurs logements par leurs capitaines ; les cavaliers couchent dans les écuries, si cette précaution est jugée nécessaire ; les trompettes logent avec les maréchaux des logis chefs, ou à portée d'eux.

Dans le cas où il ne peut être fait de distributions régulières, les officiers font une répartition égale des ressources que présentent les maisons assignées à leur escadron ; les cavaliers donnent aussitôt que possible le fourrage à leurs chevaux. Environ deux heures après l'arrivée, les escadrons font boire en ordre et successivement ; au retour, ils donnent l'avoine. Quand il n'est pas permis de desseller, les chevaux sont bouchonnés à fond.

Le colonel doit, après un repos de quelques jours, faire donner de fausses alertes pour habituer les cavaliers à se tenir toujours prêts. S'ils ont mis de la lenteur à se réunir, il les punit en les faisant bivouaquer.

Les dispositions ci-dessus sont généralement applicables à l'établissement de l'infanterie dans les cantonnements. Près de l'ennemi, les hommes sont réunis, autant que possible, dans les mêmes maisons, par compagnies entières ou par fractions constituées de compagnie. Au point du jour, il est fait un appel en armes.

Quand il y a dans le même cantonnement de l'infanterie et de la cavalerie, la cavalerie est plus particulièrement chargée de veiller à la sûreté du cantonnement pendant le jour, et l'infanterie pendant la nuit.

Cantonnements.

47. Lorsque les troupes se trouvent cantonnées en présence de l'ennemi, elles sont protégées par leur avant-garde et par des obstacles naturels ou artificiels.

Les cantonnements qu'on prend après une campagne ou pendant un armistice doivent, autant que possible, être établis en arrière d'une ligne de défense, et en avant de positions sur lesquelles les troupes se concentreraient en cas d'attaque par l'ennemi.

Les commandants d'armée tracent l'arrondissement de chaque division; les généraux de division, celui de chaque brigade. Les généraux de brigade assignent à chacun des régiments sous leurs ordres l'emplacement de ses bataillons ou de ses escadrons.

Les généraux indiquent avec le plus grand soin les positions que doit occuper chaque corps sous leur commandement, dans le cas de rapprochement de l'ennemi ou d'apparence d'attaque.

Quartiers généraux.

48. Les officiers généraux s'établissent au centre de leur commandement, et, autant que possible, sur les grandes communications. Lorsque les troupes bivouaquent devant l'ennemi, les généraux bivouaquent avec elles.

Instruction.

49. Dans les camps et cantonnements où les troupes restent plusieurs jours, les colonels font procéder à l'instruction de détail, à l'école de bataillon et à celle d'escadron. La réunion des régiments et des brigades, si l'on est campé par division, ne se fait qu'avec l'approbation du général de division ; les généraux de brigade se conforment, dans les cantonnements, aux dispositions de l'article 6.

Les exercices à feu et le tir à la cible n'ont lieu que sous l'autorisation du général commandant l'armée, l'aile ou le corps d'armée.

L'école des tambours ne commence jamais par la générale, ni par la marche du régiment, non plus que celle des trompettes par la sonnerie à cheval. L'heure à laquelle l'école doit se faire est indiquée au rapport.

TITRE IV.

DES ORDRES.

Dispositions générales.

50. Les ordres verbaux sont transmis par des officiers d'état-major ou d'ordonnance ; il en est de même des ordres importants cachetés. Quand des ordres cachetés sont portés par des sous-officiers ou des soldats d'ordonnance, l'adresse doit indiquer le lieu et l'heure du départ ; le reçu doit indiquer le lieu et l'heure de l'arrivée.

Les ordres peuvent être écrits en forme de lettre ; on les rédige de préférence dans le style d'ordre purement militaire. La transmission doit en être faite en suivant la marche hiérarchique, sans omettre aucun intermédiaire, excepté dans quelques cas particuliers et pressants, comme, par exemple, lorsqu'un régiment, dont le mouvement doit être hâté, se trouve plus à portée du quartier général divisionnaire que du quartier de la brigade. L'officier qui ordonne est alors tenu d'informer l'autorité intermédiaire, et celui qui reçoit l'ordre en rend compte, sans retard, à son chef immédiat.

Les ordres pour les régiments sont toujours adressés au camp. En l'absence du colonel ils sont remis au lieutenant-colonel, et en l'absence ce celui-ci à l'officier supérieur de semaine, qui prend sur-le-champ les mesures nécessaires pour leur exécution. Dans un bataillon campé seul, le plus ancien capitaine, en l'absence du chef de bataillon, reçoit et fait exécuter les ordres.

Tous les ordres sont numérotés; on suit deux séries différentes, l'une pour les ordres généraux, l'autre pour les ordres particuliers.

Les décisions des commandants d'armée, et les dispositions arrêtées par eux à l'égard de l'armée ou du pays qu'elle occupe, doivent ne jamais paraître que sous le titre et dans la forme d'ordre.

Ordres particuliers.

51. Les ordres particuliers ont pour objet des mouvements à effectuer, des postes à établir, des détachements à fournir; l'usage s'en étend encore au personnel des officiers, aux détails de l'artillerie, du génie, des subsistances, aux relations avec les pays occupés par l'armée; enfin, ils comprennent les ordres qu'il n'est pas nécessaire de faire connaître aux troupes.

Ordres généraux.

52. Les ordres du jour prennent la dénomination d'*ordre de* telle *armée, de* tel *corps d'armée, de l'aile, du centre* ou *de la réserve de* telle *armée, de* telle *division, de* telle *brigade, de* tel régiment. On leur donne aussi la dénomination générique d'*ordres généraux*, pour les distinguer des *ordres particuliers*.

L'ordre général se donne chaque fois seulement qu'il y a matière; il est destiné à indiquer, 1° l'heure et le lieu des distributions de subsistances et de

fonds ; 2° les heures des appels et des différents services ; 3° le nombre et l'espèce des ordonnances et
les époques où elles doivent être relevées ; 4° les règles de police, et les défenses qu'exigent les circonstances et les localités ; 5° les états à fournir et leurs
modèles ; 6° les lois, ordonnances, arrêtés et décisions relatifs à l'armée ; 7° les éloges ou les repro-
ches à faire aux corps ou aux individus, enfin tout ce
dont il importe que l'armée soit instruite.

L'ordre général peut être donné pour toute l'armée, pour un corps d'armée, pour une aile, pour le
centre ou pour la réserve de l'armée, pour chaque
division, chaque brigade, chaque régiment, par le
commandant respectif de chacune de ses réunions de
troupes. Les chefs d'état-major ne l'expédient qu'a-
près en avoir fait approuver la minute par le général. Ils l'adressent, celui de l'armée aux généraux
commandant les corps d'armée, les ailes, le centre
ou la réserve de l'armée ; celui d'un corps d'armée,
d'une aile, d'un centre ou d'une réserve d'armée,
aux lieutenants généraux commandants de division ;
celui d'une division, aux maréchaux de camp, qui
l'envoient aux colonels des régiments de leur brigade.

Les chefs d'état-major transmettent l'ordre aux
officiers généraux, aux commandants de l'artillerie,
du génie, de la gendarmerie, des quartiers généraux,
et à l'intendant ou sous-intendant.

Les chefs d'état-major et les aides de camp des

maréchaux de camp tiennent des registres pour l'inscription des ordres.

Le chef de l'état-major général adresse tous les mois au ministre de la guerre le relevé du registre des ordres généraux de l'armée.

Officiers en mission.

53. Les missions particulières, et notamment les missions pour les corps ou détachements éloignés, doivent n'être données qu'à des officiers qui méritent toute confiance et qu'on puisse initier au contenu de leurs dépêches.

Un officier envoyé en mission dans un pays occupé par des postes ennemis doit être accompagné par deux cavaliers au moins, choisis parmi les hommes bien montés. Il évite les villes et les villages, préfère aux grandes routes les chemins de traverse, se repose le moins possible et seulement dans des lieux écartés. Dans les chemins qui lui paraissent dangereux, il se fait précéder par un des cavaliers. Il doit toujours être prêt à déchirer ses dépêches, à les faire disparaître, ou même à les avaler ; il se prépare à faire des réponses adroites aux questions que l'ennemi peut lui adresser sur l'objet de sa mission ou sur la situation de l'armée, et ne se laisse intimider par aucune menace.

TITRE V.

DU MOT D'ORDRE.

Ce que c'est que le mot.

54. *Le mot* est une expression qui varie chaque jour, et qui, chaque jour aussi, est communiquée aux patrouilles, rondes, reconnaissances, découvertes, postes et détachements, comme moyen de se reconnaître entre eux et d'éviter les surprises.

Le mot se compose de deux noms : le premier, qu'on appelle le *mot d'ordre*, doit être le nom d'un grand homme, d'un général célèbre ou d'un brave mort au champ d'honneur ; le second, qui est appelé *mot de ralliement*, doit présenter le nom d'une bataille, d'une ville, ou d'une vertu civile ou guerrière.

Le commandant de l'armée arrête une série de mots d'ordre et de ralliement, ou, s'il le juge convenable, forme *le mot* chaque jour. Le chef de l'état-major général l'adresse cacheté aux commandants des ailes, du centre, de la réserve de l'armée, et, s'il y a lieu, du corps d'armée, qui le transmettent de même aux commandants de division, ceux-ci aux commandants de brigade. Les chefs d'état-major envoient aussi le mot aux commandants de l'artillerie, du génie, de la gendarmerie, à l'intendant ou sous-intendant et aux commandants des quartiers généraux.

Les maréchaux de camp donnent chaque jour le mot aux colonels et aux commandants des corps détachés, assez tôt pour qu'il puisse parvenir aux postes avant la nuit.

Lorsqu'un corps de troupe est détaché à une distance trop grande pour que la correspondance soit prompte et facile , le mot est donné à ce corps par son commandant immédiat. Il en est de même pour les places fortes occupées par l'armée, lorsque le quartier général est éloigné de ces places.

Comment le mot est donné dans les régiments et aux postes.

55. Dans les régiments, l'adjudant-major de semaine est chargé de communiquer le mot cacheté aux commandants des grand'gardes et des gardes extérieures, qui, à cet effet, lui envoient une ordonnance, ainsi qu'il est prescrit, article 86. Les chefs de ces gardes le transmettent verbalement aux petits postes qui sont sous leurs ordres.

Après la retraite, le mot est donné par l'officier supérieur de semaine aux officiers de service pour la nuit, aux adjudants-majors et adjudants, au sergent de la garde de police et aux caporaux des postes qui en dépendent ; tous sont réunis pour cet effet sur le front de bandière ; la garde de police fournit le nombre d'hommes nécessaire pour former le cercle extérieur. Le chef de bataillon de semaine profite de cette réunion pour faire les recommandations qu'il croit convenables relativement au service des rondes, des patrouilles et des sentinelles pendant la nuit.

Perte du mot d'ordre.

56. Une instruction relative à l'interversion des mots d'ordre et de ralliement de la série est donnée par le chef d'état-major général, pour le cas où cette serie serait perdue ou tombée aux mains de l'ennemi. Dans ce double cas, l'officier général commandant rend compte sur-le-champ ; il prévient, en outre, les commandants des troupes ou postes voisins.

Quand le mot d'ordre se perd à un avant-poste, ou qu'une désertion donne à craindre qu'il ne soit livré à l'ennemi, le commandant s'empresse d'en donner un autre ; il avertit sur-le-champ les corps et les postes voisins, ainsi que les généraux.

TITRE VI.

DE L'ORDRE A OBSERVER POUR COMMANDER LE SERVICE.

Ordre du service dans les régiments et dans les brigades.

57. L'ordre du service des brigades dans les divisions, et des régiments dans les brigades, est réglé selon leur rang dans l'ordre de bataille.

Les ordres concernant le service et les détachements sont adressés aux généraux des brigades. Ces officiers généraux déterminent, suivant l'emplacement et la force de chaque régiment, les postes qu'il doit occuper et le nombre d'hommes qu'il doit fournir.

Tour de service.

58. Il y a trois tours de service.

Le premier tour comprend :

1° Les grand'gardes et autres postes extérieurs ;

2° Les gardes d'honneur ;

3° Les gardes intérieures (y compris celles des magasins, hôpitaux et autres établissements) ;

4° Le service d'ordonnances ;

5° La garde de police.

Le second tour comprend :

1° Les travaux de guerre, tels que les ouvrages de campagne et les ouvertures de communications ;

2° Les détachements nécessaires à la protection de ces travaux ;

3° Les détachements chargés de protéger les différentes corvées.

Le troisième tour comprend :

1° Les corvées non armées, au dedans et au dehors du camp ;

2° Les détachements qui assistent aux exécutions.

Dans la cavalerie, la garde d'écurie forme un tour de service à part et compte avant les corvées.

Les officiers, sous-officiers et soldats commandés pour les différents services du premier tour, y marchent dans l'ordre déterminé ci-dessus : ainsi, les premiers à marcher sont employés aux grand'gardes, ceux qui les suivent aux gardes d'honneur ; les derniers à marcher sont placés à la garde de police.

La même règle s'observe pour le second tour de service ; les premiers à marcher sont chargés de protéger les travaux ; les travailleurs viennent ensuite ; les derniers à marcher sont employés à protéger les corvées.

Dans le troisième tour, les premiers à marcher font les corvées hors du camp, les autres les corvées dans le camp. Lorsque plusieurs officiers de même grade sont commandés pour le troisième tour, le plus ancien commande la corvée la plus nombreuse.

Ordre dans lequel le service est commandé.

59. Les officiers sont commandés pour les trois tours de service, par rang d'ancienneté.

Les capitaines roulent entre eux ; ils sont exempts de corvées autres que celles des distributions. Les lieutenants et les sous-lieutenants roulent ensemble en alternant ; le plus ancien lieutenant est le premier à marcher, le plus ancien sous-lieutenant est le second, et ainsi de suite.

Les sergents, caporaux, soldats et tambours sont commandés pour les trois tours de service d'après les règles établies dans les ordonnances sur le service intérieur et sur le service des places. Ils marchent sac au dos pour tous les services du premier tour, et, à moins d'ordres contraires, se rendent avec armes et bagages aux travaux qui se font hors du camp.

Dans la cavalerie, les chevaux sont chargés pour tout service à cheval.

Officier absent ou malade.

60. Lorsqu'un officier commandé pour un service quelconque est hors d'état de faire ce service, ou ne se trouve pas au camp au moment de marcher, il est remplacé par le premier à marcher après lui. Dès que la garde a dépassé l'enceinte du camp, ou, si c'est une garde intérieure, dès qu'elle est arrivée à son poste, l'officier qui aurait dû marcher ne peut plus en prendre le commandement ni en faire partie; il prend le tour de l'officier qui a marché pour lui.

Lorsqu'un officier se trouve par maladie dans l'impossibilité de faire le service pour lequel il est commandé, son tour est réputé passé.

Ces dispositions s'appliquent également aux sous-officiers et soldats.

Service censé fait.

61. Les services du premier et du deuxième tour sont censés faits, lorsque les gardes ou détachements ont dépassé l'enceinte du camp ou cantonnement, et, s'il s'agit d'une garde intérieure, lorsque cette garde est arrivée à son poste.

Les corvées sont censées faites lorsque les détachements qui en sont chargés ont dépassé l'enceinte du camp ou du cantonnement, et, s'il s'agit d'une corvée dans le camp, lorsque cette corvée a commencé.

Tours de service à reprendre.

62. Tout officier, sous-officier ou soldat marchant ou premier à marcher pour un service de premier tour, reprend les services de deuxième et de troi-

sième tour qui lui sont échus pendant ce temps, à moins qu'il n'ait marché pour un détachement de plus de vingt-quatre heures.

Service à pied dans la cavalerie.

63. Dans les troupes à cheval, les cavaliers démontés ou dont les chevaux ne sont pas disponibles sont commandés de préférence pour le service à pied. Les cavaliers montés et dans les rangs ne sont employés à ce service que dans le cas où les premiers ne se trouvent pas en nombre suffisant.

Tout brigadier ou cavalier commandé pour le service à pied dépose, avant de partir, et en présence du maréchal des logis de semaine, ou, à défaut de celui-ci, en présence du maréchal des logis de peloton, ses effets de harnachement et son porte-manteau, prêts à être chargés. Le maréchal des logis veille à ce qu'en cas d'alerte les chevaux des cavaliers de service à pied soient conduits au lieu indiqué.

Capitaine commandant un bataillon.

64. Un capitaine, commandant par intérim un bataillon, est exempt de tout autre service tant que dure ce commandement; il ne reprend aucun des tours de service qui lui sont échus dans l'intervalle.

Grenadiers, voltigeurs, tirailleurs et lanciers.

65. Les grenadiers et les voltigeurs fournissent aux services du premier et du deuxième tour dans la même proportion que les fusiliers; autant que pos-

sible, on leur assigne des postes particuliers qui sont commandés par des officiers et des sous-officiers d'élite. Ils sont chargés des gardes d'honneur et employés en outre de préférence aux grand'gardes et aux gardes extérieures. Lorsqu'ils ne sont pas en assez grand nombre pour occuper seuls un poste, il leur est adjoint des fusiliers.

A moins d'un ordre du général, les hommes d'élite ne fournissent pas le service du deuxième tour, lorsqu'il est de nature à les tenir éloignés du camp pendant plus de vingt-quatre heures.

Ils ne font d'autres corvées que celles de leurs compagnies. Ils ne sont pas employés à la garde de police, du moins ordinairement.

Le service des sergents, caporaux et tambours des compagnies d'élite, est commandé sur un contrôle séparé, établi d'après les mêmes principes que ceux des compagnies de fusiliers.

La nature du terrain, l'objet du service et la composition des troupes ennemies, déterminent la proportion dans laquelle les tirailleurs des régiments de lanciers et les lanciers des régiments de chasseurs concourent aux différents services.

Remplacement des officiers et sous-officiers des compagnies d'élite.

66. Quand le capitaine d'une compagnie commande le bataillon, il ne suit pas sa compagnie envoyée en détachement. Le colonel désigne un capitaine de fusiliers pour le remplacer provisoirement dans le détachement. Toutefois, cette dernière dis-

position est subordonnée à la considération du nombre des officiers présents au corps, et à l'importance du service dont la compagnie d'élite est chargée.

Lorsqu'un capitaine commandant une compagnie d'élite détachée est appelé, par son ancienneté, à commander par intérim le bataillon, il quitte cette compagnie, à moins qu'elle ne soit éloignée de plusieurs journées de marche ; le colonel l'y fait remplacer.

Le colonel peut, lorsqu'il le juge convenable, pourvoir de même au remplacement des officiers, sous-officiers et caporaux d'élite, qui sont absents au moment où leur compagnie doit marcher. Ceux qui remplacent restent attachés aux compagnies d'élite jusqu'au retour des titulaires.

Service des officiers supérieurs.

67. Les officiers supérieurs des régiments peuvent être commandés pour les services du premier et du second tour, lorsque l'importance des gardes ou des détachements le fait juger nécessaire ; le chef d'état-major de la division et un aide de camp du général de la brigade tiennent chacun le contrôle de ces officiers, et les commandent par rang d'ancienneté.

TITRE VII.

DE LA GARDE DE POLICE, DU PIQUET.

CHAPITRE Iᵉʳ.

De la Garde de police.

Composition de la garde de police.

68. Il est commandé tous les jours dans chaque régiment une *garde de police* composée de deux sergents, de quatre caporaux, de deux tambours, et d'un nombre de soldats suffisant pour fournir les sentinelles et faire les patrouilles que les localités et les circonstances rendent nécessaires. Les soldats sont pris dans toutes les compagnies, et, autant que possible, en nombre égal dans chacune.

La garde de police d'un régiment est commandée par un capitaine ayant sous ses ordres un lieutenant ou un sous-lieutenant. Elle est de plus sous la surveillance du chef de bataillon de semaine. Son service est d'assurer l'ordre et de faire observer les règles de police.

On détache de la garde de police, pour former un poste avancé, un sergent, deux caporaux, un tambour, et un nombre de soldats, les premiers à marcher, suffisant à l'entretien du nombre de sentinelles nécessaire et à la garde des hommes punis pour fautes de simple discipline ; les soldats sont, autant que possible, pris sur toutes les compagnies.

Si les quatre bataillons d'un régiment sont réunis

pour camper, il est formé deux gardes de police,
l'une pour les deux bataillons de droite ; l'autre pour
les deux bataillons de gauche. Chacune de ces gardes est aux ordres d'un lieutenant ou d'un sous-lieutenant. Elles sont commandées par le capitaine de
police qui se tient habituellement au poste de la garde
de police des bataillons de droite, et y passe la nuit.
Elles détachent chacune un poste avancé.

Dans un bataillon détaché, la garde de police est
composée de deux sergents, de trois caporaux, de
deux tambours et du nombre de soldats jugé nécessaire ; elle est commandée par un lieutenant ou par
un sous-lieutenant. Un sergent, un caporal, douze
fusiliers et un tambour en sont détachés pour former le poste avancé. Un capitaine est commandé
pour surveiller les appels et les détails dont est ordinairement chargé le commandant de la garde de police d'un régiment. Le service de ce capitaine compte
au second tour.

La garde de police d'un régiment de cavalerie est,
quant au nombre, la même que celle d'un bataillon;
elle est aux ordres de l'adjudant-major de semaine.
Si le colonel juge convenable, à raison de son importance, de la faire commander par un capitaine,
ce capitaine est sous les ordres immédiats de l'officier
supérieur de semaine. L'adjudant-major reste alors
chargé des appels et des pansages. Une partie des
cavaliers de la garde de police est successivement
envoyée panser les chevaux.

Les hommes non montés sont employés de préférence à la garde de police ; le poste avancé est toujours composé d'hommes montés.

Gardes d'écurie.

69. Il est commandé dans chaque escadron un brigadier pour surveiller les gardes d'écurie ; son service commence à la retraite et finit au déjeûner des chevaux. Les gardes d'écurie sont commandés en nombre suffisant pour se relever de deux heures en deux heures. Le brigadier les appelle successivement dans leurs baraques. A la retraite, il fait barrer avec des cordes les rues du camp pour arrêter les chevaux lâchés.

Devoirs du commandant de la garde de police.

70. Le commandant de la garde de police est responsable du maintien de l'ordre et de la propreté dans le camp. Il fait faire par le tambour de garde les batteries et les signaux nécessaires ; il reçoit les appels des compagnies ; il dresse et porte au colonel le billet général d'appel du soir. Il en fait rendre compte verbalement par l'adjudant de semaine au lieutenant-colonel et au chef de bataillon de semaine.

La garde de police et le poste avancé rendent les mêmes honneurs que les autres gardes ; ils prennent les armes lorsqu'une troupe armée s'approche.

Sentinelles ; leurs consignes.

71. La garde de police d'un régiment de deux bataillons fournit dix sentinelles, savoir :

Une devant les armes.

Une à la baraque du colonel,

Trois devant le front de bandière, dont une près du drapeau,

Trois à cinquante pas en arrière des baraques des officiers supérieurs,

Une sur chaque flanc du régiment, dans l'intervalle qui le sépare des deux régiments voisins.

Si le régiment se trouve à la droite ou à la gauche de la ligne, il est placé une sentinelle de plus sur le flanc qui n'est pas couvert.

Les régiments de trois bataillons ont, en plus, deux sentinelles sur le front de bandière, et deux derrière les baraques des officiers supérieurs.

Outre les consignes générales, les sentinelles de la garde de police ont pour consignes particulières :

Celle du drapeau : de n'en permettre le déplacement qu'en présence d'un détachement ; de n'y laisser toucher que le porte-drapeau, ou le sergent de la garde de police lorsqu'il se présente avec deux hommes armés ;

Celle du chef du corps : de l'avertir, le jour comme la nuit, de tout mouvement extraordinaire dans le camp et hors du camp.

Les sentinelles placées sur le front, sur les flancs et en arrière, veillent à ce qu'aucun soldat ne sorte du camp avec un cheval ou un fusil sans être conduit par un sous-officier, un caporal ou un brigadier ; elles empêchent les sous-officiers et soldats de sortir pendant la nuit, si ce n'est pour aller aux latrines; elles arrêtent de jour les individus suspects qui rôdent autour du camp, et la nuit quiconque cherche à s'y introduire, même les soldats des autres corps.

Les individus arrêtés sont conduits au capitaine de la garde de police, qui les interroge et les envoie, s'il y a lieu, à l'officier supérieur de semaine.

Détails de police.

72. A la retraite, le capitaine fait faire l'appel de la garde de police, et passe l'inspection des armes, afin de s'assurer qu'elles sont chargées et en état; le lieutenant se rend, pour le même objet, au poste avancé.

Le sergent, accompagné de deux soldats armés, plie le drapeau et le couche sur les chevalets plantés pour cet usage un peu en arrière des faisceaux. A l'appel du soir, il passe chez les cantiniers, en fait sortir les sous-officiers et soldats qu'il y trouve, et exige que les feux des cuisines soient éteints.

Le chef de bataillon de semaine s'assure souvent la nuit, par lui-même, de la vigilance de la garde de police et du poste avancé; il prescrit les patrouilles et les rondes que doivent faire les officiers et les sous-officiers de ces deux gardes. Les officiers de garde en ordonnent eux-mêmes aussi souvent qu'ils le jugent nécessaire; ils visitent fréquemment les sentinelles.

Les hommes trouvés chez les cantiniers après l'appel du soir sont, ainsi que les cantiniers, conduits au poste avancé de la garde de police. Ces derniers sont sévèrement punis.

Au réveil, la garde de police prend les armes ; le commandant de cette garde en passe l'inspection, le lieutenant inspecte le poste avancé ; le sergent replante le drapeau à sa place habituelle.

Le commandant de la garde de police établit son rapport, où il comprend celui du poste avancé, et l'envoie au chef de bataillon de semaine.

Service du poste avancé de la garde de police.

73. Le poste avancé de la garde de police est sous les ordres du capitaine de cette garde. Les hommes qui le composent ne peuvent s'éloigner sous aucun prétexte ; la soupe leur est portée au poste.

Dans un régiment de deux bataillons, le poste avancé fournit pendant le jour quatre sentinelles, dont trois à quelques pas en avant du poste, vis-à-vis de la droite, de la gauche et du centre du régiment, et la quatrième devant les armes. Dans un régiment de trois bataillons, il est placé cinq sentinelles en avant du poste. Ces sentinelles sont établies de manière à pouvoir découvrir en avant d'elles, à la plus grande distance possible. Leur consigne est de ne laisser dépasser la ligne par aucun sous-officier ou soldat, d'avertir le commandant du poste de la marche de toute troupe qui se dirige sur le camp, et d'arrêter les personnes suspectes qui cherchent à y entrer ; le sergent fait conduire ces personnes au commandant de la garde de police ; il fait prévenir cet officier sur-le-champ, lorsqu'une troupe armée s'approche.

La sentinelle placée devant les armes surveille les prisonniers et ne les perd pas de vue ; elle ne les laisse aller aux latrines qu'individuellement et sous l'escorte d'un soldat en armes.

A la retraite, le poste avancé prend les armes ; le caporal place, sur le front du régiment, deux sentinelles d'augmentation.

Si, pendant la nuit, le service exige que quelqu'un dépasse les sentinelles, le capitaine de police le fait conduire sous escorte près du sergent du poste avancé, qui le fait accompagner par un caporal jusqu'en dehors de la ligne.

Au réveil, le poste avancé prend les armes ; le caporal retire les sentinelles d'augmentation. Le sergent fait son rapport au lieutenant de la garde de police, lorsque celui-ci vient inspecter le poste.

Dans un bataillon détaché, le poste avancé de la garde de police fournit trois sentinelles, deux devant le front du bataillon et la troisième devant les armes ; il ne fournit point, pour la nuit, de sentinelles d'augmentation.

Dans les régiments campés en seconde ligne, les sentinelles du poste avancé de la garde de police ont la même consigne que celles qui sont placées derrière les baraques des officiers supérieurs.

Petits postes détachés.

74. Lorsqu'il est jugé nécessaire de faire couvrir,

pendant la nuit, le camp par des petits postes pour former une double enceinte de sentinelles, ces postes sont sous la surveillance du capitaine de la garde de police, qui lie leur service avec celui du camp, et les fait visiter par ses rondes et ses patrouilles.

Cas de marche.

75. Quand le régiment se met en marche, la garde de police rentre dans les compagnies, mais non le poste avancé.

Dans la cavalerie, à la sonnerie du boute-charge, le commandant de la garde de police envoie l'une après l'autre chaque moitié de cette garde seller et charger ; quand le régiment est réuni, chaque cavalier rentre à son escadron.

Lorsque le campement précède le régiment, et que la nouvelle garde de police marche avec lui, elle se met en bataille, en arrivant au camp, à trente pas en avant du centre du terrain marqué pour le régiment ; le capitaine fournit les postes et les sentinelles que lui demande l'officier qui conduit le campement ; le poste avancé prend de suite sa position.

Hommes punis de la prison.

76. Le poste avancé de l'ancienne garde de police marche avec le régiment, entre le premier et le deuxième bataillon ; il a la baïonnette au canon ; les hommes punis de la prison marchent entre les deux rangs de ce poste ; s'il y a des criminels qu'il n'ait pas été possible d'envoyer à la prison du quartier général, ils sont attachés et gardés particulièrement ;

un caporal marche derrière eux. En arrivant au camp, les prisonniers sont consignés au poste avancé de la nouvelle garde de police.

CHAPITRE II.

Du piquet.

Destination du piquet.

77. Le piquet se forme habituellement de la réunion des officiers, sous-officiers et soldats qui doivent marcher le lendemain pour le service du premier tour ; il est destiné à fournir les détachements et les gardes qui peuvent être commandés extraordinairement pendant les vingt-quatre heures ; il est commandé chaque jour à la suite des hommes de garde ; on compte le service du piquet comme service du premier tour à ceux qui ont marché pour un détachement ou pour une garde, ou qui ont passé la nuit au bivouac.

Les officiers, sous-officiers et soldats de piquet sont toujours habillés et équipés ; les chevaux sont sellés, les sacs et porte-manteaux sont prêts à être chargés.

Les détachements et les gardes que fournit le piquet se composent d'officiers, sous-officiers, caporaux et soldats les premiers à marcher ; les soldats sont, autant que possible, pris en nombre égal dans chaque compagnie.

Les officiers, sous-officiers et soldats du piquet qui marchent avant la retraite sont remplacés; ceux qui marchent après ne le sont pas, à moins d'un ordre péci al.

Composition du piquet.

78. Chaque bataillon fournit, pour le piquet du régiment, deux sergents, quatre caporaux, un tambour et quarante soldats. Le piquet est commandé par un capitaine qui a sous ses ordres un lieutenant ou un sous-lieutenant dans les régiments de deux bataillons, et deux lieutenants ou sous-lieutenants dans les régiments de trois bataillons.

Dans un bataillon détaché, le piquet est commandé par un lieutenant ou un sous-lieutenant.

Le piquet d'un régiment de cavalerie est de dix cavaliers par escadron ; il est commandé par un capitaine, qui a sous ses ordres deux lieutenants ou sous-lieutenants, quatre maréchaux des logis, huit brigadiers et deux trompettes.

Lorsque le régiment est divisé, chaque fraction fournit un piquet proportionné au service qu'elle doit faire. Dans un escadron détaché, le piquet est commandé par un lieutenant ou par un sous-lieutenant.

Réunion du piquet.

79. Le piquet est réuni par l'adjudant de semaine en même temps que les gardes ; il est placé à douze pas en arrière de celles-ci, et partagé en deux ou trois pelotons ; il ne défile pas. Lorsque les gardes ont défilé, le commandant du piquet le conduit à la gauche de la garde de police et lui fait mettre ses armes au chevalet qui leur est destiné ; elles sont consignées à la sentinelle de la garde de police.

Hors le cas de détachement ou de garde à fournir,

le piquet ne prend les armes que lorsque les généraux, le colonel ou l'officier supérieur de semaine
veulent en passer l'inspection ; il se forme à la gauche de la garde de police.

L'officier supérieur de semaine fait faire pendant
le jour plusieurs appels du piquet. Pour le rassem-
bler, le tambour de la garde de police bat un rappel suivi de trois coups de baguette ; les trompettes
sonnent deux appels consécutifs. Les appels et les
inspections du piquet ont lieu le sac au dos dans l'infanterie, et à pied dans la cavalerie.

A la retraite, le piquet se réunit ; le capitaine en
fait faire l'appel et passe l'inspection des armes. Les
officiers, les sous-officiers et les soldats couchent
dans leurs baraques, mais sans se déshabiller.

Quand le piquet s'assemble pendant la nuit, ce
qui n'a lieu qu'en cas d'alerte ou bien lorsqu'il doit
marcher en totalité ou en partie, l'adjudant-major
et l'adjudant de semaine préviennent les officiers ;
ceux-ci éveillent les sous-officiers sans bruit ni batterie de caisse ; les sous-officiers éveillent les soldats. A cet effet, les uns et les autres reconnaissent
à l'avance les baraques occupées par ceux qu'ils sont
chargés d'avertir.

La nuit, le piquet de cavalerie se réunit à cheval.

Les piquets rentrent dans les compagnies toutes
les fois que les régiments prennent les armes pour
des revues, des manœuvres, des marches ou des ac-
tions de guerre.

Piquet au bivouac.

80. Quand le piquet doit bivouaquer, le colonel détermine l'emplacement ; les chevaux sont sellés et chargés ; on ne les réunit que dans le cas où le bivouac est trop éloigné du camp ou trop proche de l'ennemi.

TITRE VIII.

DES GRAND'GARDES ET AUTRES POSTES EXTÉRIEURS.

Objet et composition des grand'gardes.

81. Les grand'gardes sont les postes avancés d'un camp ou d'un cantonnement : elles doivent en couvrir les approches.

Le nombre, la force et le placement des grand'-gardes sont réglés par les généraux de brigade, et, dans un corps détaché, par l'officier qui commande ce corps. Autant qu'il se peut, les grand'gardes de cavalerie sont combinées avec les grand'gardes d'infanterie, celles-ci servant d'appui, les autres de sentinelles avancées. Quand la nature de la guerre et du pays le permettent, ou que l'affaiblissement de la cavalerie l'exige, on peut se borner à attacher des cavaliers aux grand'gardes d'infanterie, soit pour les faire concourir au service, soit pour avoir plus promptement des nouvelles de l'ennemi.

La grand'garde pour un régiment d'infanterie ou de cavalerie, et même pour un bataillon, est habituellement commandée par un capitaine ; elle est composée d'un nombre d'officiers, de sous-officiers, de caporaux et de soldats, fixé en raison de son objet, de la force du corps qui la fournit, et aussi du principe que quatre hommes sont nécessaires pour entretenir sans trop de fatigue une sentinelle.

Une connaissance plus approfondie du terrain, une appréciation plus exacte du nombre et de l'espèce des troupes opposées, de nouvelles données sur les projets de l'ennemi, enfin des considérations puisées dans la disposition d'esprit des habitants, peuvent autoriser à diminuer ou à augmenter le nombre et la force des grand'gardes, même après qu'elles ont été établies.

Surveillance du service des grand'gardes.

82. Indépendamment de la surveillance active exercée sur les grand'gardes par les officiers généraux commandants de division ou de brigade et par tout commandant de corps détaché, leur placement et la direction de leur service sont spécialement confiés, dans chaque régiment, au colonel et au lieutenant-colonel, et, en l'absence de ce dernier, à un chef de bataillon ou d'escadron, secondé, quand il en est besoin, par les adjudants-majors. Dans un bataillon ou un escadron isolé, et dans un détachement, les grand'gardes sont placées et dirigées par l'officier commandant le corps et par l'adjudant-major, ou, à défaut de l'adjudant-major, par l'officier qui en remplit les fonctions.

Le général ou l'officier commandant détermine, selon les circonstances, le mode de service des officiers, tant d'infanterie que de cavalerie, qui doivent le seconder.

Un des officiers supérieurs de la brigade est désigné pour prendre le commandement des grand'gardes, lorsque leur nombre, le concours ou le mélange des différentes armes le font juger nécessaire; il s'établit au poste indiqué par le général.

Le général de division se fait seconder, dans la surveillance du placement et du service des grand'gardes, par des officiers d'état-major; mais le service extérieur devant être concentré dans chaque brigade, afin qu'il y ait régularité et responsabilité, ces officiers d'état-major se bornent à rendre compte au général de division; ils ne donnent des ordres que dans des cas urgents. et en l'absence de tout officier supérieur de la brigade chargé de ce service.

Réunion et départ des grand'gardes.

83. Les grand'gardes montent habituellement avec les autres gardes; cependant le général de brigade ou tout commandant d'un corps détaché peut, lorsqu'il croit indispensable de doubler les postes pendant les premières heures, les faire monter à la pointe du jour : alors elles s'assemblent et partent sans bruit; elles se font éclairer et fouillent le pays pendant leur marche; elles observent les mêmes précautions, le jour, lors de leur premier établissement, ou quand d'autres circonstances l'exigent. Mais cette mesure de doubler les gardes, affaiblissant les corps et fatiguant le soldat, on doit n'y re-

courir que très-rarement, et jamais quand on se prépare à marcher ou à combattre.

Les grand'gardes sont conduites à leur destination, la première fois, par le colonel ou le lieutenant-colonel, et par les adjudants majors qui ont accompagné le général dans la reconnaissance du terrain, si le lieutenant-colonel n'a pu remplir lui-même cet important devoir.

Le poste une fois établi, le commandant d'une grand'garde envoie à l'adjudant-major de semaine, autant de fois qu'il en est besoin, un homme de cette garde, pour servir de guide à celle qui doit la relever.

Le commandant d'un poste ne peut refuser de se laisser relever par une garde plus faible, ou dont le chef est d'un grade inférieur au sien; mais il ne se laisse point relever par une garde qui n'est pas du régiment ou de la brigade, si elle ne lui a pas été annoncée, ou si elle n'a un ordre écrit; si cette troupe lui est absolument inconnue, il ne la laisse point approcher qu'il n'en ait reçu l'ordre de son chef direct.

Placement des grand'gardes.

84. S'il n'y a pas de débouché qu'il faille principalement observer ou défendre, les grand'gardes sont établies, autant que les circonstances et les localités le permettent, au centre du terrain qu'elles doivent observer, dans quelque endroit couvert, élevé même s'il est possible, afin que l'ennemi ne puisse pas juger de leur force, et cependant soit aperçu de

loin. On évite de les adosser à un bois, dans la crainte qu'elles ne soient enlevées. Quand les grand'gardes ont été placées de jour très-près ou en vue de l'ennemi, il leur est assigné, pour la nuit, un poste plus en arrière ; elles en prennent possession à la chute du jour. On doit encore les rapprocher des bivouacs, des camps ou des cantonnements dans les pays fourrés, coupés ou montagneux, surtout quand l'ennemi est favorisé par les habitants. Si l'on juge à propos de les tenir éloignées, on établit des postes intermédiaires.

Les grand'gardes étant principalement destinées à surveiller l'ennemi en avant de leur front, et leur liaison entre elles (que la ligne soit droite ou déviée) devant protéger leurs flancs respectifs, c'est au corps principal à fournir les postes intermédiaires de soutien ou d'observation qu'exigeraient leur éloignement de ce corps, le débouché de vallées ou de bois sur leurs communications, enfin les ponts ou défilés qu'elles auraient à franchir en cas de retraite.

Les grand'gardes sont rarement retranchées et ne peuvent l'être que sur l'ordre du général. Seulement, celles qui sont dans une plaine et exposées aux attaques de la cavalerie peuvent se barricader, creuser un fossé en forme circulaire, ou se couvrir par des abatis.

Le général de division vérifie et rectifie, s'il le juge à propos, le placement et les consignes des grand'gardes. Il fait établir les postes qui lui paraissent nécessaires pour lier les brigades entre elles, ou pour couvrir leurs flancs extérieurs.

Petits postes.

85. Le premier soin du commandant d'une grand'garde, ainsi que des officiers généraux, colonels et lieutenants-colonels, est, dès qu'elle est placée, d'avoir des nouvelles de l'ennemi, puis de reconnaître sa position, les chemins, les débouchés, les défilés, les ponts et les gués par lesquels il peut arriver, et ceux par où il est possible d'aller à lui.

On détermine, d'après ces reconnaissances la force des postes avancés ou *petits postes*, leur placement et celui de leurs sentinelles de jour et de nuit. Les petits postes sont commandés, selon leur degré d'importance, par des officiers, des sous-officiers, des caporaux ou brigadiers ; ceux de cavalerie peuvent, suivant les circonstances, être relevés toutes les quatre heures ou toutes les huit heures.

Le commandant de la grand'garde donne aux chefs des petits postes des instructions détaillées sur le service et la surveillance qu'exige leur position, et sur les dispositions qu'ils auraient à prendre pour la défense et la retraite. Les officiers généraux et supérieurs en usent de même à l'égard des commandants de grand'garde.

Le commandant de la grand'garde peut changer la position des petits postes, si cette mesure lui paraît urgente.

Lorsque les petits postes doivent, pour la nuit,

changer leur position, ils ne quittent leur remplacement de jour pour prendre celui de nuit que quand
la grand'garde est établie dans le sien, et que l'obscurité empêche l'ennemi d'apercevoir leur mouvement. Ils se retirent alors sans bruit et avec célérité,
sous la direction d'un officier.

Dans les corps détachés, des petits postes, composés d'hommes intelligents, sont en outre, à la nuit,
poussés au loin sur les chemins par lesquels l'ennemi
peut arriver pour attaquer la position, pour la tourner ou pour couper la retraite. Ils sont placés de
préférence sur l'embranchement de ces chemins; ils
restent sans feu, se tiennent cachés, et changent fréquemment de position; ils ne sont point liés entre eux.

Ces postes annoncent l'approche de l'ennemi au
moyen de signaux dont ils sont pourvus, ou, à défaut, au moyen d'indices dont il a été convenu. Ils
se retirent sur des points qui leur ont été indiqués,
et par des chemins qu'ils ont reconnus à l'avance.
Au jour, ils rentrent à la grand'garde.

Mot d'ordre dans les grand'gardes.

86. Tous les soirs, le commandant d'une grand'-
garde envoie un caporal ou un ancien soldat à l'adjudant-major de semaine, pour recevoir le billet con-
tenant les mots d'ordre et de ralliement. Il les fait
passer aux petits postes avant la nuit.

Si le mot d'ordre est égaré ou retardé, ou s'il a été
surpris par l'ennemi, le commandant de la grand'-

garde s'empresse d'en donner un autre qu'il fait immédiatement connaître aux corps et aux postes voisins, ainsi qu'aux officiers généraux.

Consignes.

87. Les grand'gardes ont des consignes relatives
aux motifs particuliers pour lesquels elles sont placées ; mais elles ont en tout temps une consigne qui
leur est commune et qui consiste :

A informer les postes voisins, le régiment et le
général , de la marche et des mouvements de l'ennemi, ainsi que des attaques qu'elles ont à craindre ou
qu'elles sont occupées à soutenir ;

A examiner les personnes passant près d'elles et
particulièment celles qui viennent du dehors ; à arrêter les individus qui n'ont pas de passe-port d'un
général connu, et les soldats, cantiniers ou domestiques qui cherchent à dépasser les avant-postes ;
enfin à faire conduire devant le général, à moins
qu'elles n'aient reçu l'ordre exprès d'en agir autrement, les paysans qui se présentent au camp, même
pour y apporter des vivres.

Toute garde extérieure prend les armes la nuit
pour les patrouilles, les rondes, et tout ce qui approche d'elle ; il est donné à la sentinelle devant les
armes la consigne nécessaire à cet effet.

Les postes avancés ne prennent les armes pour
rendre les honneurs ou pour être inspectés, que
lorsqu'ils ne risquent point d'être aperçus par l'ennemi.

Les grand'gardes reçoivent des consignes des officiers généraux et du chef d'état-major de la division, du colonel, du lieutenant-colonel et de l'officier supérieur de semaine de leur régiment. Les commandants des grand'gardes doivent communication de ces consignes aux officiers de l'état-major de l'armée ou de la division; ils doivent la même communication aux adjudants-majors de leur corps qui la leur demandent. Ils fournissent en outre, à ces officiers, tous les autres renseignements qu'ils peuvent être à même de donner.

Les grand'gardes sont souvent chargées de la garde et de la direction des signaux que l'état-major fait établir sur des points élevés; elles reçoivent à cet effet des consignes et des instructions spéciales.

Sentinelles et vedettes.

88. Les sentinelles et vedettes ayant pour objet principal d'observer l'ennemi et d'avertir de ses mouvements, on les place, sans toutefois interrompre la chaîne qui les lie entre elles et avec leurs postes, sur des points d'où elles puissent découvrir au loin. Elles sont, autant que possible, dérobées à la vue de l'ennemi par un mur, un arbre, une éminence ou un pli de terrain, dont elles ne dépassent le plan que de la tête. L'avantage d'observer et de ne pouvoir être vu ne doit cependant pas être sacrifié à celui d'apercevoir plus au loin. Il faut éviter de placer des sentinelles trop près de quelque lieu cou-

vert où l'ennemi puisse se glisser pour les surpendre.

Une sentinelle doit toujours être prête à faire feu; les vedettes ont le mousqueton haut ou le pistolet à la main; cependant, pour ne pas s'exposer à donner une fausse alerte, une sentinelle ou une vedette ne tire que quand elle aperçoit très-distinctement l'ennemi; elle doit, alors même que toute défense de sa part serait inutile, tirer vivement pour avertir; le salut du poste peut en dépendre. Toute sentinelle fait feu sur quiconque passe à l'ennemi.

Si l'on est forcé de placer une sentinelle à une distance telle qu'elle ne puisse communiquer, le chef du poste détache pour la fournir un caporal et quatre hommes. Dans ce cas aussi, les sentinelles peuvent être doublées, afin que l'une vienne prévenir pendant que l'autre reste en observation. On peut encore suppléer pendant le jour à cette disposition, par des signaux convenus d'avance pour annoncer l'ennemi, par exemple, par un mouchoir, un shako ou tous autres objets élevés au-dessus de la tête et présentant chacun une indication particulière; les vedettes peuvent, dans le même but, parcourir un certain espace en cercle ou dans tout autre sens. Pendant la nuit, les sentinelles sont placées de préférence dans les lieux bas, pour mieux distinguer ce qui vient d'en haut.

Pour alléger le service des rondes, et tenir pendant la nuit plus de monde sur pied, les sentinelles sont relevées toutes les heures. Il est souvent utile, pour éviter qu'elles soient surprises, que des signaux remplacent ou précèdent le mot de ralliement; les sentinelles de pose, les sentinelles volantes, les patrouilles, les rondes doivent alors frapper dans les mains ou sur une partie de l'armement, ou exécuter tout autre signal convenu.

Lorsque, pendant la nuit, une sentinelle entend quelqu'un s'approcher, elle arme son fusil, et crie : *Halte là!* Si l'on ne s'arrête pas après qu'elle a crié une seconde fois, elle fait feu ; si l'on s'arrête, elle crie : *Qui vive!* Et lorsqu'il lui a été répondu *ronde* ou *patrouille*, elle crie : *Avance au ralliement!* Si le chef de ronde ou de patrouille ne s'avance pas seul, s'il ne fait pas le signal convenu ou s'il ne donne pas le mot, la sentinelle fait feu et se replie sur le poste. Lorsqu'elle est placée devant les armes, et qu'il a été répondu au *qui vive*, elle crie *aux armes;* la garde se forme aussitôt, et le caporal va reconnaître.

Lorsqu'on veut dérober à l'ennemi la connaissance de l'emplacement des sentinelles, des signaux peuvent remplacer le *qui vive.* Dans ce cas, les sentinelles font les premières un signal ; il leur est répondu par le signal convenu.

Lorsque les troupes n'ont pas l'habitude de la guerre ou que la quantité et l'espèce des troupes légères de l'ennemi l'exigent, les sentinelles peuvent être réunies par deux. Quelquefois encore, on les double pour qu'elles puissent se partager la surveillance de l'horizon, ou bien lorsqu'il doit y avoir un

avis à faire parvenir, un individu à arrêter, etc.
Dans ce cas, l'une des deux se détache, et la chaîne
n'est pas interrompue. Cette mesure est nécessaire
dans un terrain coupé, fourré, d'un aspect inégal,
et durant les nuits obscures et orageuses, qui favorisent les surprises. Pendant qu'une sentinelle observe, l'autre parcourt les sinuosités, les replis du
terrain, les escarpements des chemins creux; ces
sentinelles mobiles sont appelées *volantes*. Des sentinelles volantes se croisent, lorsqu'il y a insuffisance
d'hommes de garde pour observer toutes les issues.

Les commandants des grand'gardes visitent souvent les sentinelles, les déplacent ou en placent de
nouvelles, selon qu'ils le jugent convenable; ils leur
font répéter leur consigne, leur apprennent dans
quelles circonstances et à quel signal elles doivent se
retirer, et leur recommandent de ne pas se replier
directement sur les petits postes, si elles se trouvent
poursuivies, mais de n'y arriver que par un circuit,
afin d'en tenir l'ennemi éloigné plus longtemps.

Vigilance pendant la nuit.

89. Les grands'gardes étant destinées à garantir
les troupes auxquelles elles appartiennent d'attaques imprévues et de surprise nocturne, la moitié
des hommes qui les composent veillent armés, pendant que les autres reposent, ayant leurs armes à
côté d'eux. Les chevaux des grand'gardes de cavalerie restent bridés; les cavaliers ont la bride dans
le bras, et doivent ne pas dormir.

Lorsqu'une grand'garde de cavalerie est établie dans un lieu dont l'accès du côté de l'ennemi est difficile, le général peut l'autoriser à faire manger ses chevaux pendant la nuit, en l'astreignant néanmoins à n'en débrider à la fois qu'un petit nombre ; les cavaliers dont les chevaux sont débridés redoublent de surveillance pour les empêcher de s'échapper.

Une heure avant le jour, les grand'gardes d'infanterie prennent les armes, celles de cavalerie montent à cheval.

Dans les postes avancés, une partie des hommes reste pendant toute la nuit sous les armes ou à cheval.

Patrouilles, découvertes, rondes.

90. Le commandant d'une grand'garde règle le nombre, les heures et la marche des patrouilles et des rondes, selon la force de sa troupe et le besoin de multiplier les précautions ; ce besoin résulte du plus ou moins de facilité pour arriver sur le poste et pour l'assaillir, de la proximité plus ou moins grande de l'ennemi, des dispositions des habitants à son égard, et de toutes les circonstances qui peuvent le rendre audacieux ou circonspect.

Le commandant d'une grand'garde reconnaît lui-même, accompagné de ceux qui doivent conduire les rondes et les patrouilles de nuit, les chemins que celles-ci doivent parcourir.

Les patrouilles marchent lentement, avec précaution et sans bruit ; elles font de fréquentes haltes pour écouter; elles observent avec soin le terrain qu'elles explorent.

Les officiers et sous-officiers de ronde, chargés de s'assurer de la vigilance des postes et des sentinelles, sont accompagnés de deux ou trois hommes. Ils marchent comme les patrouilles, avec lenteur et précaution, et observent tout ce qui peut intéresser les postes.

Au point du jour, les patrouilles doivent être plus fréquentes et ne plus se restreindre à parcourir les environs du poste. Elles marchent à la découverte, bien qu'avec toutes les précautions possibles, pour reconnaître les chemins creux et les inégalités de terrain favorables aux rassemblements; elles ne négligent rien pour éviter d'être coupées ou de s'engager dans une lutte inégale. Si elles sont attaquées ou seulement rencontrées par l'ennemi, elles font feu et cherchent à arrêter sa marche. Pendant leur absence, les postes sont sous les armes ou à cheval.

Les patrouilles et les découvertes de cavalerie devant se porter au loin et fouiller le pays avec soin, avertissent les postes d'infanterie, dans l'intérêt de leur sûreté commune, de ce qu'elles ont observé. Les patrouilles et découvertes du matin, tant d'infanterie que de cavalerie, ne reviennent qu'au grand jour. Ce n'est qu'à leur retour que les sentinelles de nuit sont retirées et que les postes reprennent leur position de jour.

Les patrouilles et découvertes se conforment à ce

qui est prescrit au titre IX (des *Reconnaissances journalières*).

Lorsque le terrain permet de s'approcher des vedettes de l'ennemi sans en être aperçu, et que, pour un motif particulier, les patrouilles ont l'ordre de dépasser la chaîne des avant-postes, les petits postes et les sentinelles sont prévenus, et l'on prend les plus grandes précautions pour éviter une méprise au retour.

Les chefs de patrouille, à leur rentrée, rendent un compte exact de la configuration du terrain qu'ils ont parcouru, du plus ou moins de vigilance des postes ennemis, en un mot, de tout ce qu'ils ont observé. Le commandant de la grand'garde envoie un rapport à l'officier supérieur de semaine.

Par qui les postes peuvent être mis en mouvement.

91. Les généraux et leurs chefs d'état-major peuvent seuls, en dépassant les avant-postes, les déplacer et les employer.

Feux.

92. Lorsque les grand'gardes n'ont pu se placer derrière un mur, une éminence, un bois ou quelque autre rideau, elles masquent, du côté de l'ennemi, l'emplacement de leurs feux. A défaut d'autres moyens, elles les allument dans des trous creusés à cet effet ; on établit, en outre, à une certaine distance, des feux apparents qu'entretiennent des sentinelles volantes ; on en établit encore, s'il est nécessaire, sur les passages que le défaut de monde

empêche d'occuper; enfin on défend aux petits postes d'en allumer, si l'on a lieu de craindre que ces feux ne contribuent à les faire surprendre.

Comme il arrive quelquefois que, dans le but de tromper l'ennemi ou de se garantir d'être surpris, on doit éteindre subitement un feu, il est bon de tenir prêt, pour cet effet, un amas de terre, mouillée, s'il est possible.

Chevaux menés à l'abreuvoir.

93. Les chevaux sont conduits à l'abreuvoir avant d'aller prendre le poste de jour, et en prenant le poste de nuit. Quelquefois, dans les grandes chaleurs, ils y sont en outre conduits successivement pendant la journée. Lorsqu'on juge à propos de ne pas les débrider pour les faire boire, on leur lâche la gourmette et la muserolle. Pendant qu'une partie de la grand'garde est à l'abreuvoir, l'autre partie reste à cheval.

Quand la grand'garde a mis pied à terre, le commandant ordonne de faire manger les chevaux, mais successivement et de manière que, pendant qu'un certain nombre mange, les autres restent bridés.

Les petits postes ne font boire qu'après être rentrés à la grand'garde.

Troupes se présentant aux avant-postes ; parlementaires.

94. Si, pendant la nuit, une troupe se présente à un poste pour entrer au camp sans avoir été annoncée, le chef du poste ne la laisse passer que lorsque l'officier qui la commande est connu de lui ou bien

est porteur d'un ordre écrit ; dans le cas contraire, il empêche la troupe d'approcher, et il envoie le commandant, sous escorte, à l'officier supérieur de semaine ; il fait avertir les chefs des postes voisins de se tenir sur leurs gardes.

Les trompettes et les parlementaires de l'ennemi ne dépassent jamais les premières sentinelles ; ils sont tournés du côté opposé au poste et à l'armée ; on leur bande les yeux, s'il en est besoin. Un sous-officier reste avec eux, pour exiger que ces dispositions soient observées, pour tâcher de tromper leur curiosité par des réponses adroites, et prévenir l'indiscrétion des sentinelles. Le commandant de la grand'garde donne reçu des dépêches, et les expédie immédiatement au général de la brigade ; il congédie sur-le-champ le parlementaire.

Il est cependant des cas où le parlementaire doit être retenu temporairement, par exemple, quand il a pu recueillir des renseignements qu'il importe de tenir cachés à l'ennemi, ou qu'il a surpris l'armée dans l'exécution de quelque mouvement.

Il est quelquefois utile de simuler sans affectation, à l'approche des parlementaires, des mouvements propres à les induire en erreur. On peut aussi interrompre précipitamment ces mouvements, comme si l'on avait à craindre d'en laisser pénétrer l'objet.

Déserteurs ; gens suspects.

95. Les déserteurs, après avoir été désarmés aux

avant-postes, sont conduits au commandant de la grand'garde , qui les interroge sur tout ce qui peut intéresser la sûreté de son poste. S'ils se présentent la nuit en grand nombre, le chef de la garde avancée ne les laisse approcher que successivement et avec précaution. Le commandant de la grand'garde, auquel ils sont conduits, ou qui les fait prendre à la garde avancée, leur assigne une place à quelque distance de son poste et les fait surveiller. Au jour, il les envoie au commandant du camp ou cantonnement le plus voisin. Celui-ci les fait conduire devant le général de la brigade qui, après les avoir questionnés, ordonne leur départ pour le quartier général de la division.

Les postes en arrière doivent, comme les postes avancés et dans les mêmes cas, arrêter tous les étrangers ; le commandant du poste fait fouiller en sa présence ceux qui lui paraissent suspects.

Conduite en cas d'attaque par l'ennemi.

96. Aussitôt qu'une grand'garde se trouve attaquée ou est menacée de l'être, elle fait prévenir le général de la brigade et le chef du corps dont elle dépend.

Dès que l'ennemi marche pour l'attaquer, elle doit le prévenir s'il n'est pas trop en force, si elle ne risque pas de se compromettre, si elle n'est pas dans un poste fermé ou sur un défilé qu'elle ait ordre de défendre ; dans les cas contraires, elle doit prendre les positions, et exécuter les mouvements les plus propres à retarder la marche de l'ennemi, remplissant ainsi occasionnellement la destination de tirailleurs. Elle combat, réunie ou éparse, selon les localités ou l'espèce de troupe qui l'attaque ; enfin elle rentre à son corps dès qu'il est en ligne ou que des troupes sont arrivées en nombre suffisant sur le terrain qu'elle défend.

Postes retranchés.

97. Dans une armée, on ne doit pas retrancher un poste, à moins qu'on ne soit dans des dispositions purement défensives, qu'on n'ait à couvrir des parties faibles ou qu'on refuserait, ou des points que l'ennemi ne pourrait éviter, soit en attaquant, soit en poursuivant ; qu'on ne fasse une guerre de montagne ; qu'on ne veuille fermer un défilé, ou qu'on n'ait à couvrir des quartiers d'hiver. Tout poste retranché est donc lié aux opérations de l'armée, et entre dans le plan du général qui la commande.

Tout retranchement qui exige de l'artillerie est considéré comme un poste. Il lui est assigné une garde et un commandant particulier. On ne peut l'établir dans une armée en ligne, que sur l'ordre du commandant en chef, du général commandant l'aile, ou du général de la division. Le général qui prescrit l'établissement d'un poste retranché donne au commandant une instruction détaillée sur la défense ; il détermine les circonstances où cette défense doit cesser.

Le commandant, après avoir reconnu l'intérieur

et l'extérieur de son poste, répartit le service et le terrain entre les officiers et les sous-officiers, forme une réserve et donne les instructions nécessaires pour tous les cas qu'on peut prévoir. Il suppose même une attaque, et dispose sa troupe pour la défense, afin de la préparer à soutenir un choc réel, soit de nuit, soit de jour.

Dans les temps de brouillard, il redouble de surveillance; il change les heures et la direction des patrouilles et des rondes.

Il refuse l'entrée de son poste aux parlementaires, aux déserteurs et aux étrangers. S'il doit laisser passer un parlementaire à portée, il lui fait bander les yeux. Il ne laisse pénétrer la garde qui doit le relever, ou toute autre troupe, qu'après l'avoir fait soigneusement reconnaître hors de son poste.

Dès qu'un poste retranché est attaqué, le commandant doit agir de lui-même sans attendre d'ordre, ni tenir de conseil.

Lorsque, par suite de l'emploi de toutes ses munitions, soit de guerre, soit de bouche, ou de la perte de la majeure partie de sa troupe, le commandant est dans l'impossibilité de prolonger sa défense, il encloue les canons et cherche à regagner l'armée en surprenant de nuit, ou en traversant de vive force les postes ennemis.

Tout commandant d'un poste retranché justifie, à son retour, de sa défense et de la nécessité de sa retraite. Le général en chef convoque, s'il y a lieu, un conseil d'enquête.

TITRE IX.

DES DÉTACHEMENTS.

Réunion des détachements.

98. Quand il a été jugé à propos de former un corps de troupes avec des détachements pris dans différents régiments, le chef d'état-major réunit ou fait réunir ces détachements, et remet à leur commandant commun les instructions du général.

Quand les détachements se réunissent par brigade, le général de la brigade charge du rassemblement un des officiers supérieurs de semaine.

Composition des détachements.

99. Les détachements sont de préférence composés de fractions constituées, telles que bataillons, escadrons, compagnies, pelotons, sections, etc.

Pour fournir les détachements, un tour de service est établi entre les régiments d'une brigade, les bataillons ou les escadrons d'un régiment, et les compagnies d'un bataillon.

Les compagnies d'élite ne peuvent, sans un ordre exprès du général de la division, être employées à un détachement de plus de vingt-quatre heures, à moins toutefois qu'elles ne marchent avec leur bataillon.

Les officiers et sous-officiers faisant partie d'une fraction constituée, commandée pour un détachement, marchent avec cette fraction.

Lorsque le général de la division croit devoir ordonner, par exception, qu'un détachement soit composé d'hommes pris sur tous les escadrons ou sur toutes les compagnies d'un régiment, on commande pour ce service les premiers à marcher au tour de garde. Dans ce cas, si le détachement doit durer plus de vingt-quatre heures, et que deux officiers ou deux sous-officiers d'une même compagnie soient appelés à en faire partie, celui qui se trouve le moins élevé en grade ou, à parité de grade, le moins ancien, est employé à une garde de vingt-quatre heures, et remplacé au détachement par le premier à marcher après lui.

Les officiers, sous-officiers et soldats appelés à faire partie d'un détachement au moment où ils sont employés à un autre service, doivent être relevés de ce service, s'ils peuvent être rentrés au camp ou cantonnement avant le départ du détachement.

Un chef de bataillon peut marcher avec la moitié de son bataillon, ou avec un détachement équivalent à un demi-bataillon, et même avec une force moindre, si l'importance de l'objet fait juger sa présence nécessaire ; de même, dans chaque grade, tout officier peut marcher avec une partie plus ou moins forte de la fraction qu'il commande habituellement.

Le colonel, lorsqu'il marche en détachement, est toujours accompagné d'un adjudant-major. Il en est de même du lieutenant-colonel et des chefs de bataillons ou d'escadron.

Un détachement composé de fractions prises dans différents régiments doit, autant que possible, être commandé par un officier supérieur en grade aux of-

ficiers employés dans ces fractions, ou par un officier d'état-major.

Rang des détachements et des officiers qui en font partie.

100. Le rang des régiments dans les brigades et
des brigades dans les divisions est conservé dans les
détachements.

Tout détachement dont le chef n'a pas été désigné est commandé par l'officier le plus élevé en grade;
à grade égal, par le plus ancien dans le grade ac-
tuel; à parité d'ancienneté, par le plus ancien dans
le grade précédent.

Cette règle est applicable aux détachements et
aux cantonnements composés d'infanterie et de cavalerie, en plaine et dans les lieux fermés; la supériorité ou l'ancienneté de grade détermine seule les
droits au commandement.

Cependant un officier d'état-major, faisant partie
d'un détachement, en a le commandement, s'il ne
s'y trouve pas d'officier d'un grade supérieur au
sien.

Si, dans un détachement formé de fractions de
plusieurs corps, la fraction d'un régiment vient à
manquer d'officier, le commandement de cette fraction peut être donné à un officier d'un autre régiment, mais, autant que possible, de la même brigade.

Rencontre de plusieurs détachements.

101. Si plusieurs détachements se rencontrent
dans un lieu où il n'y a pas d'autres troupes éta-

6

blies, le commandement est réglé entre eux pour tout le temps qu'ils sont réunis, comme s'ils ne formaient qu'un seul et même détachement ; néanmoins le commandant d'un détachement ne peut empêcher l'autre de suivre sa destination et d'exécuter les ordres qu'il a reçus.

Quand un détachement entre dans un poste occupé par d'autres troupes, l'officier qui commande le détachement est, pendant tout le temps qu'il s'arrête, sous les ordres du commandant du poste, quand même ce dernier lui serait inférieur en grade. Le commandant du poste ne peut, sous quelque prétexte que ce soit, y retenir le détachement.

Ordre de marche dans les détachements mixtes.

102. Les détachements observent en marche les précautions et l'ordre prescrits pour les corps, et détaillés au titre *des Marches*.

Si le détachement est composé d'infanterie et de cavalerie, les deux armes sont combinées de manière à pouvoir se prêter un appui mutuel. Dans les marches de jour et dans les pays de plaine, la cavalerie fournit l'avant-garde, l'arrière-garde et les éclaireurs sur les flancs ; elle tient habituellement la tête du corps principal. Dans les pays montueux ou couverts, et dans les marches de nuit, l'avant-garde et l'arrière-garde sont fournies par l'infanterie, qui à son tour prend la tête du principal corps ; dans ce cas, quelques cavaliers précèdent l'avant-garde et suivent l'arrière-garde, pour avertir rapidement.

Quand le commandant d'un détachement n'a pas reçu le soir de mot d'ordre, il en donne un à sa troupe pour le service de nuit.

Autorité des commandants de détachement et comptes à rendre.

103. Les commandants de détachements ont la même autorité que les chefs de corps pour la police, la discipline et le service des troupes sous leurs ordres. Ils peuvent suspendre les sous-officiers, ainsi que les caporaux ou brigadiers, et en provoquer la cassation. Ils adressent à ce dernier effet leurs rapports au commandant du régiment et prennent ses ordres. Ils sont responsables du bon ordre dans les marches, dans les camps ou les cantonnements de l'établissement ainsi que de la sûreté de la troupe, et, jusqu'à un certain point, du résultat des combats qu'ils peuvent avoir à livrer ou à soutenir. Ils sont autorisés à se retrancher au besoin, en se servant de tous les moyens que les localités peuvent leur fournir ; ils doivent éviter les dégradations qui ne sont pas indispensables.

A la rentrée d'un détachement, le commandant rend compte au général de la division, si c'est un détachement de division ; au général de la brigade, si c'est un détachement de brigade ; au colonel, si c'est un détachement de régiment, et ainsi de suite. Dans tous les cas, les commandants de détachement rendent compte à leur chef immédiat de ce qui intéresse la police, la discipline ou l'administration.

TITRE X.

DES RECONNAISSANCES.

Définitions des reconnaissances.

104. Tout mouvement de troupes ayant pour objet de découvrir ou de vérifier un ou plusieurs points relatifs à la position, aux mouvements de l'ennemi ou à la topographie du théâtre de la guerre, est une reconnaissance ; on distingue trois sortes de reconnaissances : les reconnaissances journalières, les reconnaissances spéciales et les reconnaissances offensives.

CHAPITRE Iᵉʳ.

Reconnaissances journalières.

Objet des reconnaissances journalières.

105. La sûreté des camps, des cantonnements, des postes avancés, exige des reconnaissances journalières. L'objet de ces reconnaissances est de s'assurer si, à la faveur de terrains couverts, coupés, montueux, ou d'autres circonstances de localité propres à favoriser un mouvement offensif ou une embuscade, l'ennemi ne peut préparer une surprise ; si ses avant-postes n'ont été ni augmentés ni mis en mouvement , et si, dans ses camps ou bivouacs, il ne se passe rien qui annonce des préparatifs de marche ou d'action.

Service des reconnaissances journalières réglé par brigade.

106. Le service des reconnaissances journalières rentre dans celui de chaque brigade ; il est réglé par le général commandant la division, si les brigades sont contiguës, et par le maréchal de camp, si les brigades campent isolément ou en arrière de localités qui exigent des reconnaissances séparées.

Ce service se fait en outre, mais avec moins d'extension, comme découvertes et patrouilles, d'après les ordres des officiers qui commandent les grand'-gardes, et par des troupes qui en sont tirées.

Composition des reconnaissances journalières.

107. Les reconnaissances et découvertes journalières doivent employer peu de monde. Elles se composent, selon la nature du pays et la situation respective des forces opposées, d'infanterie ou de cavalerie, mais, autant que possible, de troupes des deux armes.

Leur fréquence, leur force et le moment de leur sortie dépendent principalement de la nature des localités, de la distance et de la position de l'ennemi. En général, on doit ne pas les prodiguer, et surtout ne pas les recommencer aux mêmes heures, ni par la même route. On peut les faire faire le soir, afin de s'assurer si l'ennemi n'est point en mouvement et ne s'établit pas à proximité dans quelque pli de terrain ou dans quelque bois.

.La cavalerie est seule chargée des reconnaissances de plaine ; les reconnaissances de lieux montueux et boisés se font par de l'infanterie, plus quelques cavaliers, pour transmettre les nouvelles urgentes. Quand la reconnaissance doit être conduite à travers un pays varié, on peut faire marcher conjointement les deux armes : la cavalerie pour protéger en plaine la retraite de l'infanterie, l'infanterie pour assurer par l'occupation d'un défilé ou d'un point culminant la retraite de la cavalerie.

Précautions à observer.

108. Dans les reconnaissances ou découvertes, on observe les indications ci-après :

On place des postes ou des ordonnances échelonnées, afin de transmettre promptement les nouvelles aux grand'gardes, qui les font parvenir au camp.

Les reconnaissances n'étant, en quelque sorte, que des grand'gardes mobiles, destinées non à combattre, mais à voir et à observer, elles évitent de se compromettre, et marchent avec précaution.

Elles sont précédées, à environ deux cents pas, par une avant-garde d'une force proportionnée à la leur.

Des éclaireurs choisis parmi les cavaliers les mieux montés et les plus propres à ce genre de service, et, autant que possible, parlant la langue du pays, précèdent l'avant-garde et flanquent la reconnaissance ; ils doivent rarement s'écarter, pendant le jour, au point de perdre de vue leur détachement.

Il ne faut pas que deux éclaireurs gravissent ensemble une éminence; ils se portent principalement sur les points culminants. Tandis que l'un y monte rapidement, l'autre s'arrête à mi-côte, afin de pouvoir, si le premier vient à être enlevé, préserver le détachement d'une surprise.

Avant le jour, l'avant-garde et les éclaireurs doivent être rapprochés; on doit alors marcher lentement et en silence, s'arrêter souvent pour écouter, s'abstenir de fumer, et placer en arrière les chevaux qui hennissent.

Les reconnaissances ne doivent s'engager dans les villages, vallées, ravins, georges ou bois, qu'après que les éclaireurs les ont exactement fouillés et qu'ils ont pris les renseignements nécessaires, même, au besoin, des ôtages parmi les habitants; elles remarquent les chemins en jonction avec celui qu'elles parcourent, et ceux qui lui sont parallèles; elles s'informent d'où partent ces chemins et où ils conduisent; elles questionnent les habitants sur ce qui concerne l'ennemi; elles font rester en arrière, sans exception, les individus qui marchent dans la même direction qu'elles, et arrêtent ceux qui leur paraissent suspects.

Les commandants de reconnaissance se retournent de temps en temps pour juger de l'ensemble et des détails du terrain, et en reconnaître les points les plus importants, ceux surtout qui peuvent leur être utiles en cas de retraite.

Souvent, afin de battre le plus de terrain possible et pour faire perdre à l'ennemi sa trace, l'officier qui commande une reconnaissance évite de suivre, pour revenir au camp, le chemin par lequel il en est parti : dans ce cas, il ne laisse sur ce chemin ni ordonnances ni postes intermédiaires.

Rencontre de l'ennemi.

109. Si l'on rencontre l'ennemi en mouvement, il faut l'observer et le suivre sans se laisser apercevoir, s'il est possible ; le but étant de découvrir ses forces et ses projets, il ne faut le combattre que lorsqu'on y est forcé, et que, faute de pouvoir obtenir autrement des renseignements, on est dans la nécessité de faire des prisonniers. On évite avec soin de s'en laisser faire.

Cependant, quand un corps ennemi marche rapidement sur le camp ou le cantonnement, le commandant de la reconnaissance ou découverte ne doit pas hésiter à le combattre, s'il a l'espoir de retarder sa marche sans trop se compromettre.

Indépendamment des ordonnances de choix qu'il a dû expédier pour avertir, le commandant annonce sa retraite, et la marche de l'ennemi par l'incendie de quelque cabane, de quelque meule de paille, ou par tout autre signal convenu d'avance.

CHAPITRE II.

Reconnaissances spéciales.

Objet des reconnaissances spéciales.

110. Les reconnaissances spéciales ont généralement pour but :

1° D'apprécier les distances, l'état des chemins et les travaux qu'il exige, la configuration du terrain et les facilités ou les obstacles qu'elle présente, afin de régler en conséquence la marche des colonnes et des différentes armes ;

2° D'explorer dans toutes leurs parties les positions à occuper successivement, soit pour appuyer les attaques, soit pour se maintenir en cas de résistance ou d'offensive de la part de l'ennemi, soit pour assurer la retraite ;

3° De reconnaître l'emplacement et la force des postes principaux ou retranchés de l'ennemi, la configuration de ses positions, les défenses qu'il peut y avoir établies, la difficulté ou les moyens de les aborder ;

4° Enfin, d'évaluer, autant que possible, les forces de l'ennemi sur chaque point.

Par qui les reconnaissances sont faites.

111. *Les reconnaissances spéciales sont, suivant leur but, dans les attributions des officiers, ou de l'état-major, ou de l'artillerie, ou du génie ; elles sont l'objet d'une instruction particu-*

lière du général qui les ordonne. L'officier chargé de la reconnaissance communique cette instruction au maréchal de camp de la brigade dont les postes doivent être dépassés. Cet officier général y ajoute les indications qu'une connaissance particulière des dispositions de l'ennemi et des localités peut le mettre à même de donner; il confie, en conséquence, à l'officier en reconnaissance, des troupes qu'il choisit de préférence parmi celles qui doivent composer l'avant-garde, afin qu'elles acquièrent la connaissance du terrain sur lequel elles auront à déboucher. S'il est nécessaire de se porter sur un point culminant ou tout autre, pour en chasser les postes ennemis, l'officier chargé de la reconnaissance demande préalablement l'agrément du général de la brigade; il ne peut rien entreprendre sans l'avoir obtenu (1).

CHAPITRE III.

Reconnaissances offensives.

Objet des reconnaissances offensives.

112. Les reconnaissances offensives sont déterminées par le besoin de reconnaître, avec la plus grande précision possible, la position générale ou certains points de la position de l'ennemi, et d'ap-

---

(1) Nouvelle rédaction conforme à l'Ordonnance du 9 décembre 1840, Journal militaire, p. 553.

précier exactement ses forces et ses moyens maté-
riels de défense. Elles préludent le plus souvent à
des attaques réelles, même à des batailles, ou bien
elles n'ont pour but que des démonstrations. Dans
tous les cas, elles exigent qu'on fasse replier les postes de l'ennemi, et quelquefois qu'on s'engage avec
des corps de sa ligne, surtout lorsqu'il importe de le
forcer à déployer toutes ses troupes.

Par qui ordonnées.

113. Les reconnaissances offensives appartiennent aux combinaisons et aux opérations générales;
elles peuvent amener des résultats importants, et
autres que ceux qu'on se proposait : le commandant
en chef peut seul les ordonner. Elles ne sont permises aux autres officiers généraux que dans le cas où
ils agissent isolément et hors de tout concours, ou
enfin dans les cas urgents où l'on doit ne pas hésiter à engager sa responsabilité.

CHAPITRE IV.

Rapports sur les reconnaissances.

Rapports.

114. Toute reconnaissance exige un rapport écrit;
le style de ce rapport doit être clair, simple, positif;
l'officier qui le fait y distingue expressément ce qu'il
a vu par lui-même des récits dont il n'a pu vérifier personnellement l'exactitude.

Pour les reconnaissances spéciales et les reconnaissances offensives, il est fait, outre le rapport, un levé à vue des localités, des dispositions et défenses de l'ennemi.

TITRE XI.

DES PARTISANS ET DES FLANQUEURS.

Objet et composition.

115. Les opérations des corps de partisans dépendent de la nature et du théâtre de la guerre; elles entrent dans le plan général du commandant en chef, et ne peuvent être ordonnées que par lui.

La composition et la force des corps de partisans et des détachements de flanqueurs sont fixées en raison de l'objet qu'ils ont à remplir, des difficultés qu'ils peuvent avoir à surmonter, de l'espace qu'ils ont à parcourir et du temps présumé de l'expédition.

La destination de ces corps isolés est d'éclairer au loin les flancs de l'armée, de protéger ses opérations, de tromper l'ennemi, de l'inquiéter sur ses communications, d'intercepter ses courriers et les correspondances, de menacer ou de détruire ses magasins, d'enlever ses postes ainsi que ses convois, ou, tout au moins, de retarder sa marche en le forçant à protéger les uns et les autres par de forts détachements.

En même temps que ces corps isolés fatiguent l'ennemi et gênent ses opérations, ils doivent ne négliger aucun moyen pour inspirer la confiance et le dévouement en pays ami, ni pour, en pays ennemi, maintenir les habitants dans la crainte et la soumission. Ils répandent, selon les circonstances, des nouvelles propres à rassurer ou à inquiéter, et paraissent inopinément sur divers points, de manière qu'on ne puisse apprécier leur force, ni juger si ce sont des corps irréguliers ou des corps d'avant-garde.

De telles opérations comprennent toutes celles de la petite guerre; elles exigent vigilance, secret, énergie et promptitude. Obligé, pour échapper aux dangers de toute espèce, de suppléer au nombre par la ruse ou l'audace, l'officier envoyé en partisan a besoin de réunir à l'expérience de la guerre le génie et le caractère nécessaires pour prendre des déterminations soudaines et les exécuter avec adresse et vigueur.

Les détachements envoyés en partisans se composent quelquefois de troupes de différentes armes; mais ce genre de service appartient plus particulièrement à la cavalerie légère, qui, par des marches rapides, peut se porter avec célérité sur un point éloigné, y surprendre l'ennemi, l'attaquer à l'improviste et se retirer avant d'être compromise.

Précautions à observer.

116. L'officier envoyé en partisan marche le plus souvent la nuit, et se repose le jour dans des lieux couverts; il s'entoure de petits postes, de sentinelles et de vedettes; il en porte au loin, aux débouchés

par lesquels on peut arriver sur lui. Il maintient la plus exacte discipline dans sa troupe, et veille à ce que la conduite des militaires sous ses ordres leur concilie l'esprit des habitants ; il ne néglige rien pour se rendre ces derniers favorables ; il se procure, soit par ses intelligences avec eux, soit par des agents secrets, tous les renseignements qu'il lui importe d'obtenir.

Il évite les villes et les villages, cherche de préférence les vallons sinueux, les bois, les fermes isolées, avec des issues commodes. Forcé de traverser des lieux habités, il les fait fouiller avec soin ; obligé d'y prendre des vivres et des fourrages, il se les fait apporter au dehors, et les commande souvent pour un nombre d'hommes et de chevaux supérieur à celui de sa troupe ; contraint d'y séjourner, il envoie des espions, et, s'il en est besoin, il prend en otage les notables du lieu, il charge spécialement des postes et vedettes d'empêcher les habitants de communiquer au dehors.

Il prend toutes les précautions nécessaires pour cacher à l'ennemi sa proximité, ou tout au moins sa position et ses desseins ; lorsqu'il doit le combattre, il l'attaque vivement, sans lui donner le temps de reconnaître son détachement ni d'en apprécier la force ; il ne continue pas les engagements dont le succès paraît douteux ou qui l'éloigneraient de son but ; il change souvent et subitement de direction.

Quand un officier envoyé en partisan est chargé de dresser une embuscade, il dérobe soigneusement sa marche et ses projets ; il s'assure de la force de l'ennemi, de l'espèce de ses troupes, de leur emplacement, de l'emplacement de leurs postes et vedettes ; enfin des chemins par où l'on peut arriver sur lui. Les temps de pluie, de brouillard, de grande chaleur, la nuit surtout, sont favorables au succès des embuscades ; lorsque l'ennemi se garde mal, elles ont lieu de préférence à la pointe du jour.

La prudence exige qu'un officier envoyé en partisan confie à celui qui commande sous lui les ordres secrets du général, indiquant l'objet et le terme de l'opération ainsi que les différents points de jonction avec l'armée.

Guides et espions.

117. Les partisans sont obligés de faire souvent usage de guides et quelquefois d'espions.

Le choix des guides doit porter sur des hommes intelligents, et particulièrement sur des chasseurs, des braconniers, des bergers, des charbonniers, des bûcherons, des gardes champêtres ou forestiers.

Il est prudent d'en prendre plusieurs, de les questionner séparément, et de les confronter ensuite, si les renseignements qu'ils donnent diffèrent les uns des autres.

Quand on n'a qu'un guide, on le fait marcher à l'avant-garde ; on le place entre deux hommes chargés de le surveiller, et, au besoin, d'user contre lui de rigueur ; quelquefois même on l'attache.

Les contrebandiers et les colporteurs sont particulièrement propres à servir d'espions ; quelquefois on leur adjoint, pour les surveiller eux-mêmes, un homme intelligent et sûr, qui parle la langue du pays.

Attaque d'un convoi.

118. L'attaque d'un convoi a lieu de préférence dans les haltes, ou lorsqu'il commence à parquer, ou quand les attelages sont à l'abreuvoir. Le moment est favorable aussi lorsqu'il se trouve au passage d'un bois, d'un défilé, d'un point de route sinueux, d'un pont, ou dans une montée difficile.

Un détachement destiné à l'attaque d'un convoi est principalement composé de cavalerie ; il est utile d'y joindre de l'infanterie pour assurer le succès.

Le premier soin de l'officier chargé de cette opération est de dissiper l'escorte ; une partie de son détachement attaque le gros de la troupe ennemie, une autre harcèle les voitures, une troisième est en réserve ; les tirailleurs se dispersent sur les côtés de la route, et cherchent à couper les traits des chevaux. On tâche de se rendre maître des premières et des dernières voitures, et de les mettre en travers pour empêcher les autres d'avancer ou de rétrograder.

Si le convoi est parqué, la cavalerie l'entoure, harcèle l'escorte, et cherche à l'éloigner du parc. L'infanterie combat alors les troupes qui sont restées à la défense du convoi, se glisse sous les voitures, et pénètre dans l'intérieur du parc. Quand la cavalerie est seule, et que l'ennemi commence à être ébranlé, un certain nombre de cavaliers mettent pied à terre et suppléent à l'infanterie.

Si le convoi est considérable, les plus grands efforts sont dirigés vers le centre, afin de forcer l'escorte à se morceler ; on attaque aussi de préférence les voitures chargées des objets les plus importants. Après le succès, ces voitures sont renforcées d'attelage, et celles qui ne peuvent être emmenées sont brûlées.

Prises.

119. Les prises faites par les partisans leur appartiennent, lorsqu'il a été reconnu qu'elles ne se composent que d'objets enlevés à l'ennemi ; elles sont jugées et vendues par les soins du chef de l'état-major et de l'intendant ou sous-intendant, au quartier du général qui a ordonné l'expédition, et, autant que possible, en présence d'officiers et de sous-officiers du détachement. Si la troupe n'est pas rentrée, les fonds sont versés chez le payeur, pour être distribués à qui de droit. Quand les prises sont envoyées dans une place, le commandant de cette place supplée au chef de l'état-major.

Les armes et les munitions de guerre ou de bouche ne sont jamais partagées ni vendues ; le général en chef détermine l'indemnité à allouer à ceux qui les ont prises.

Les officiers supérieurs ont chacun cinq parts ; les capitaines, quatre ; les lieutenants et les sous-lieutenants, trois ; les sous-officiers, deux ; les caporaux,

brigadiers et soldats, une ; le commandant de l'expédition en a six en sus de celles que lui donne son
grade.

Quand, dans une prise, il se trouve des chevaux
ou d'autres objets appartenant aux habitants, ils leur
sont rendus.

Ces diverses dispositions s'appliquent à tout détachement isolé qui fait une prise.

TITRE XII.

DES MARCHES.

Dispositions générales.

120. Le but du mouvement et la nature du terrain déterminent l'ordre de la marche, le nombre des
colonnes sur lesquelles on doit marcher, ainsi que
l'espèce de troupes qui doit les composer.

On cherche à former le plus de colonnes qu'on
peut, en faisant attention toutefois qu'elles ne soient
pas trop faibles. Leur distance respective doit être
telle qu'elles puissent se communiquer, se soutenir
mutuellement et se réunir avec facilité, et pour cet
effet, tout commandant de colonne doit, indépendamment de ses instructions particulières, être informé
de la composition, de la force et de la direction des
autres colonnes.

Avant-garde et arrière-garde.

121. L'avant-garde et l'arrière-garde sont ordinairement formées de troupes légères ; leur force et
leur composition en différentes armes se règlent d'a-

près la nature du terrain et la position où l'on se trouve à l'égard de l'ennemi. Elles sont uniquement destinées à couvrir les mouvements du corps dont elles font partie, et arrêter l'ennemi jusqu'à ce que le général commandant ait eu le temps de faire ses dispositions. L'avant-garde ne tient pas toujours la tête de la colonne ; dans une marche de flanc, elle est employée à s'emparer des positions propres à couvrir le mouvement qu'on exécute.

Quand cela est jugé nécessaire, des compagnies de sapeurs du génie sont attachées à l'avant-garde.

Batteries et sonneries pour le départ.

122. Lorsque l'armée doit se mettre en marche, on bat le *premier*, c'est-à-dire *aux champs*, une heure avant le départ. Chaque régiment ne fait battre le *rappel* qu'au moment précis de se mettre en route et de prendre rang dans la colonne. Dans la cavalerie, le *boute-charge* précède ordinairement d'une heure la sonnerie *à cheval*.

Lorsqu'un régiment doit partir seul, *la marche* qui lui est particulière remplace les batteries dont on vient de parler. Les régiments de cavalerie conviennent entre eux de signaux particuliers qu'ils ajoutent aux sonneries habituelles.

Entre le *premier* et le *rappel*, les officiers veillent à ce que les ustensiles de cuisine et les outils soient rassemblés et remis à ceux qui doivent les porter, à ce que les équipages soient chargés et conduits au lieu désigné pour leur réunion. Afin de ne point donner lieu à l'ennemi d'observer les mouvements de la troupe, ils ordonnent d'éteindre le feu des cuisines ; ils empêchent qu'on ne brûle la paille et les baraques. Dans la cavalerie, les officiers font ramasser et ficeler le fourrage.

Les jours de marche, la soupe est, autant que possible, mangée avant le départ.

La générale.

123. Lorsqu'on doit marcher subitement à l'ennemi, on bat la *générale* et l'on sonne *à cheval*. Les troupes se forment rapidement en avant de leur camp ou cantonnement.

Les batteries d'artillerie marchent avec les divisions ou autres corps auxquels elles sont attachées.

Les autres voitures d'artillerie, les caissons de cartouches d'infanterie et les caissons d'ambulance marchent à la queue de la colonne. Les équipages marchent sous l'escorte de l'arrière-garde.

Marche de la cavalerie.

124. Rien ne détruisant plus la cavalerie que la nécessité de se conformer au pas de l'infanterie, et l'allongement des colonnes traversant un défilé, les deux armes ne marchent ensemble que quand la proximité de l'ennemi l'exige.

Dans la cavalerie, lorsqu'elle est isolée et loin de l'ennemi, chaque régiment et, autant que possible, chaque escadron fait tête de colonne, afin que l'allure se maintienne égale de la tête à la queue, et qu'on puisse trotter toutes les fois que le terrain le permet. Cette disposition hâtant le trajet, la cavalerie doit aussi souvent qu'elle prévoit pouvoir s'y conformer, se presser moins de partir de ses quartiers, afin de donner plus de repos aux chevaux, et de soins au ferrage et au harnachement. On ne bride qu'au moment de se mettre en route.

Inspection pendant la marche.

125. Dans la cavalerie, les commandants de peloton et les sous-officiers veillent personnellement à la régularité du paquetage. Dans l'infanterie, comme dans la cavalerie, les officiers supérieurs et les capitaines font leur inspection pendant la marche. A la première halte, on fait rectifier toutes les parties de l'habillement et de l'équipement qui se trouvent défectueuses; on replace les couvertes, on ressangle les chevaux, etc. Les officiers font fréquemment la visite des sacs et des porte-manteaux ; ils font jeter les effets qui ne sont pas d'uniforme, ou qui dépassent le nombre déterminé.

Rapports.

126. Lors du rassemblement, les colonels font leur rapport verbal au maréchal de camp ; ils lui remettent une situation sommaire des présents sous les armes, comprenant les mutations. Les maréchaux de camp font le même rapport au général divisionnaire.

Rassemblements.

127. Autant que possible, on ne prend pas pour

lieux de rassemblement les grandes routes, les chemins particuliers, ni aucun autre point où la troupe pourrait gêner la circulation.

Les généraux de division envoient à l'avance un officier d'état-major au rendez-vous pour y recevoir les corps; les brigades ou les régiments isolés y envoient également un officier.

En arrivant au rendez-vous, l'infanterie et la cavalerie, à moins d'indication contraire, se placent d'après leur rang dans l'ordre de bataille et se forment en colonnes serrées. Lorsque l'artillerie et les équipages restent sur la route, on les range en file sur un des côtés, afin de laisser l'autre côté libre pour le passage.

Le moment où les troupes de corps différents, qui ont à parcourir la même route, doivent se remettre en marche, est réglé dans l'intérêt du service par l'officier le plus élevé en grade, et, à grade égal, par le plus ancien, qui, après avoir reçu communication des ordres de destination, décide, sur sa responsabilité.

Départ jamais retardé.

128. L'exécution des ordres ne devant jamais éprouver de retard, si le lieutenant général ou le maréchal de camp, le colonel ou tout autre officier, n'est pas à la tête de sa troupe lorsque celle-ci doit partir, l'officier du rang immédiatement inférieur la fait mettre en marche.

Sapeurs. en tête des colonnes ; jalonnages.

129. Chaque colonne est, autant que possible, précédée par un détachement de sapeurs du génie ou de régiment, destiné à aplanir les obstacles qui peuvent retarder la marche. Les sapeurs sont aidés, au besoin, par des gens du pays ou par des soldats d'infanterie.

Ce détachement est partagé en deux sections ; au premier obstacle qu'il rencontre, la première section s'arrête et l'autre poursuit sa marche jusqu'à ce qu'il se présente un nouvel obstacle. Un officier du génie ou, *à son défaut, tout autre officier désigné à cet effet* (1) dirige les travaux.

S'il n'est pas laissé à chaque embranchement de route un officier d'état-major pour indiquer le chemin aux soldats et aux équipages restés en arrière, un adjudant-major du dernier régiment de la colonne est chargé de faire établir, à l'endroit de ces embranchements, un signal, comme de la paille attachée à un arbre ou à un poteau, des branches coupées, etc.

Dans les marches de nuit et dans les mauvais pas, la route est jalonnée de fourriers ou de caporaux intelligents, qui sont relevés successivement de bataillon en bataillon.

---

(1) Nouvelle rédaction conforme à l'Ordonnance du 8 avril 1837. *Journal militaire*, p. 177.

Police dans les marches.

130. Il est défendu de tirer des armes à feu dans les marches, de faire aucun cri de *halte* ni de *marche*.

On laisse le moins possible les soldats s'arrêter individuellement aux ruisseaux et aux puits ; les bidons doivent être, avant le départ, remplis d'eau mélangée, s'il se peut, avec du vin ou de l'eau-de-vie.

. Les troupes évitent de passer dans les villages ; lorsqu'elles ne peuvent se dispenser de les traverser, les officiers et les sous-officiers veillent à ce que les soldats ne quittent pas leur rang.

Indépendamment de l'arrière-garde, le général forme, quand il le juge nécessaire, pour faire rejoindre les traînards, un détachement dont les éléments sont pris dans le dernier régiment de la colonne et auquel on ajoute, au besoin, des sous-officiers de chaque régiment ; cette troupe doit visiter les chemins creux, les fermes, les villages, arrêter les maraudeurs et remettre à la gendarmerie ceux qui se trouvent pris en flagrant délit ; les autres sont remis à la police de leur corps.

On évite de laisser des chevaux en arrière pour le ferrage ; les chevaux déferrés sont, autant que possible, réunis à la même forge et confiés à la surveillance d'un sous-officier.

La nuit, un tambour reste à la queue de chaque bataillon pour rappeler, quand l'obscurité ou la dif-

ficulté des chemins arrête la marche ; il est aux ordres de l'adjudant. Un trompette est placé à la
queue de chaque escadron. Les rappels sont répétés
jusqu'à la tête du régiment.

Soins qu'ont à prendre les officiers généraux et les officiers supérieurs pour maintenir l'ensemble dans la marche.

131. Les officiers généraux et les officiers supérieurs s'arrêtent souvent pour voir si leurs troupes
marchent dans l'ordre prescrit et conservent leur
distance. Ils envoient parfois à la queue de la colonne des officiers qui viennent leur rendre compte et les mettent ainsi à même de rectifier la marche.

Si le général veut accélérer la marche de la colonne, il en fait prévenir les colonels, pour que
toutes les subdivisions exécutent le mouvement simultanément. Il peut déterminer, à cet effet, une
batterie qui est répétée de bataillon en bataillon.

Lorsqu'une colonne profonde doit passer un défilé qui peut la forcer à s'allonger, le général fait
prévenir les colonels ; ceux-ci font serrer les bataillons en masse, en arrivant près du défilé ; chaque
subdivision y entre successivement en accélérant le
pas et en serrant le plus possible. La subdivision
de la tête, après l'avoir traversé, s'arrête dès qu'elle
a laissé derrière elle l'espace nécessaire pour contenir la colonne serrée en masse ; elle est remise en
marche assez tôt pour que les dernières subdivi-

sions ne soient pas obligées de s'arrêter après avoir effectué leur passage.

Dans la cavalerie, chaque escadron, avant d'accélérer sa marche pour rejoindre la colonne, doit être reformé dans son ordre de route primitif.

Lorsque l'éloignement de l'ennemi le permet, les bataillons forment les faisceaux, après avoir serré en masse en arrière et en avant du défilé.

Quand on a à craindre qu'il n'y ait encombrement ou désordre au passage d'un pont ou d'un défilé, le général y place un officier d'état-major avec une ou plusieurs compagnies que chaque brigade est tenue de relever à son passage.

On fait des haltes aussi fréquemment que le permettent le but du mouvement et la longueur du trajet : on en profite pour reformer les troupes ; elles ont lieu de préférence au sortir d'un défilé.

Dans les haltes et les marches, il n'est rendu d'honneurs qu'au commandant en chef.

Malades ; chevaux de selle ; équipages.

132. Les malades marchent avec les équipages.

Les chevaux de selle des officiers suivent les régiments avec les chevaux des hommes démontés. Les chevaux des équipages et les voitures sont sous les ordres des vaguemestres, et ne marchent jamais avec les colonnes ; il n'est fait d'exception que pour la voiture du commandant en chef et pour celles des généraux blessés ou malades.

Lorsque le général juge nécessaire de faire marcher avec les colonnes les voitures d'artillerie et celles d'ambulance, il indique le rang que prendront ces voitures.

Cas où des troupes se rencontrent ou se croisent.

133. Deux divisions qui se rencontrent sur un point de route, soit qu'elles doivent s'y croiser, soit qu'elles aient à suivre la même direction, appuient réciproquement à droite, si le chemin est assez large pour contenir leurs deux colonnes ; mais si le chemin n'est pas assez large, la première dans l'ordre de bataille prend, à moins d'ordres contraires écrits ou transmis verbalement par un officier d'état-major, le pas sur l'autre, qui suspend sa marche. S'il y a plus de deux divisions, elles se remettent en marche successivement et selon leur rang.

Cette disposition est applicable aux brigades, aux régiments et aux détachements tant d'infanterie que de cavalerie, appartenant à des divisions différentes.

Elle est également observée par une division ou par une brigade, à l'égard d'un régiment faisant partie d'une division ou d'une brigade qui a la droite dans l'ordre de bataille.

Nulle troupe en marche ne doit être coupée par une autre.

Une troupe qui en trouve une autre arrêtée passe, si elle a la priorité sur elle. Elle passe encore, si l'autre ne veut pas user, à l'instant même, de son droit de marcher la première.

Lorsque deux troupes se rencontrent à une jonction de route, celle qui arrive la dernière attend, quel que soit son rang , si l'autre est en pleine marche.

Les colonnes qui suspendent leur marche pour laisser passer une autre troupe, la reprennent avant les équipages. Celles qui auraient à croiser des équipages les font arrêter, si elles ne peuvent autrement continuer leur route.

Les généraux et autres officiers qui ont à suspendre la marche d'une troupe , examinent consciencieusement si le bien du service n'exige pas qu'ils abandonnent leur prérogative. Ils doivent se concerter avec le chef de cette troupe, et se déterminer , d'après le vu des ordres respectifs, en ne suivant d'autre règle que l'intérêt de l'armée.

TITRE XIII.

INSTRUCTION SOMMAIRE POUR LES COMBATS.

Dispositions générales.

134. On ne peut guère fixer des règles précises sur la manière de disposer ses forces. Cette disposition varie en raison du nombre et de l'espèce des troupes opposées , de leur état moral au moment où l'on se trouve, de la nature de la guerre, de celle du terrain, de la capacité des chefs, et enfin de l'objet qu'on se propose : on se bornera donc à présenter ici quelques bases.

L'avant-garde, après avoir culbuté les avant-postes de l'ennemi, si elle n'a pu les enlever ou les couper de leur corps, ce qu'elle doit toujours tenter, occupe, en avançant, tous les points qui peuvent couvrir ou faciliter la marche des troupes dont elle fait partie, ainsi que ceux dont la possession lui serait nécessaire en cas de retraite, tels que ponts, défilés, bois, hauteurs. Dès que cet objet est rempli, elle tente, sans se compromettre, quelques attaques pour occuper l'ennemi et le tromper sur la marche et les projets du corps qu'elle précède.

Quand l'ennemi se dérobe à la vue par un rideau de troupes avancées, le commandant de l'avant-garde envoie à droite et à gauche, dans le but de reconnaître sa position et ses mouvements, des éclaireurs commandés par des officiers intelligents. Si ce moyen ne réussit pas, il met tout en usage pour parvenir à démasquer l'ennemi sans s'engager, du moins d'une manière sérieuse; il emploie avec habileté les démonstrations, la menace surtout de couper du corps principal le corps avancé; il a recours aux fausses attaques, aux chocs impétueux et partiels, en appliquant, selon le terrain, l'ordre échelonné; enfin il ne livre un combat réel que lorsqu'il voit l'impossibilité de remplir autrement l'objet que doit se proposer l'avant-garde.

Les troupes que l'avant-garde peut avoir laissées en arrière pour l'échelonner, la rejoignent dès l'arrivée d'autres troupes sur le même terrain. Si l'on prend position et que l'avant-garde doive rester séparée du corps principal par des hauteurs ou des défilés qu'il soit nécessaire d'occuper pour se lier avec elle, ces points sont gardés par des troupes tirées de ce corps principal.

Lorsqu'on est assez à proximité de l'ennemi et qu'on veut l'attaquer, on forme d'abord plusieurs lignes, si le nombre des troupes le permet ; mais si l'on ne peut former que deux lignes, on place quelques bataillons en colonne derrière les ailes de la seconde. Les lignes peuvent se composer, selon le terrain ou les attaques projetées, de troupes en colonne ou de troupes en bataille. L'avant-garde peut être réunie aux autres troupes ; elle peut être aussi placée, soit sur les ailes, soit dans une position propre également à favoriser la poursuite ou à couvrir la retraite.

La réserve est placée en arrière, mais surtout au centre ou à portée du point sur lequel on doit principalement avoir à faire effort, pour attaquer ou se défendre ; elle est, autant que possible, formée de corps d'infanterie et de cavalerie : son objet est d'achever la défaite de l'ennemi ou de faciliter la retraite. La réserve doit être composée des meilleures troupes et commandée par un homme capable et audacieux : la promptitude de détermination et la vigueur dans l'exécution sont deux qualités indispensables à tout commandant d'un corps de réserve.

La cavalerie doit être répartie en échelons sur les ailes et au centre, si le terrain permet qu'elle y manœuvre et combatte : car, sa destination étant les démonstrations et l'attaque, il faut qu'elle soit à portée du point sur lequel elle peut menacer ou agir : ses moyens sont la vigueur, l'ordre et la vitesse. On doit lui recommander d'assaillir une des ailes, de chercher même à tourner l'ennemi, autant que possible avec des troupes disposées à cet effet, et, pour qu'elle ne perde point la force que lui donne son ensemble, de ne prendre le galop qu'à portée de la troupe qu'elle veut charger, de ne jamais attendre de pied ferme une charge, mais de la prévenir ou, si elle n'est pas assez forte, de se retirer en manœuvrant ; enfin, pour assurer la poursuite et se prémunir contre un revers ou contre les attaques des réserves, la cavalerie doit ne pas engager tous ses escadrons à la fois, et en avoir le tiers en colonne ou en échelons à hauteur et en arrière de l'une de ses ailes : cette disposition est préférable à une seconde ligne, même avec intervalle.

L'artillerie, quand on se dispose à attaquer un point, est employée à éteindre le feu des batteries ennemies. Dans la défense, elle dirige de préférence son feu sur les troupes qui se portent en avant. Dans ces deux cas, on réunit le plus d'artillerie possible sur les points d'attaque principaux, son feu étant d'autant plus redoutable qu'il est plus concentré.

Dans les combats et dans les opérations, on cherche toujours à prendre l'initiative, et à réduire l'ennemi à la défensive ; mais pour se livrer avec sécurité à une telle entreprise, il faut être le plus fort en nombre ou en qualité de troupes, et avoir à agir sur un terrain d'un abord facile et favorable à l'attaque. Lorsqu'on est obligé de rester sur la défensive, il faut, pour ne pas perdre l'avantage de sa position et se donner cependant la supériorité morale qu'assure un mouvement offensif, se placer en arrière du terrain sur lequel on veut combattre, et ne se porter sur ce terrain qu'au moment de repousser l'ennemi.

Comme il y a toujours un point important et décisif, il faut tout disposer pour attaquer ce point avec une force supérieure : ce qu'on fait avec succès en couvrant ses préparatifs par de fausses attaques ; en présentant, sur les points qu'on ne veut point entamer, des colonnes qui puissent se porter ensuite avec rapidité sur le vrai point d'attaque ; en réunissant dans le même but des troupes qu'on dérobe à la vue de l'ennemi, soit à la faveur du terrain, soit par des corps en mouvement ou en ligne, enfin en prenant tous les moyens propres à contenir les plus grandes forces de l'ennemi avec le moins de monde possible, sur les points qu'on n'a pas dessein d'attaquer sérieusement.

La défense a comme l'attaque son point important. Tout consiste à le bien connaître ; c'est la clef de la position ; c'est celui où l'ennemi doit faire le plus d'efforts ; ce n'est que là qu'il faut l'attendre et concentrer ses moyens ; enfin, c'est là seulement que l'attaque est dangereuse.

Indépendamment des dispositions qui doivent être

relatives aux projets probables de l'ennemi, il faut
appuyer les ailes, ou suppléer au défaut d'appui
dans le terrain par des corps placés en échelons ; mais
on doit prendre l'offensive du moment qu'au lieu
d'être entamé on est parvenu à repousser l'ennemi.
C'est le moyen de le déconcerter, de rendre la confiance aux troupes et, souvent, de décider la victoire.
En reprenant l'offensive, on doit chercher à porter
vivement une colonne serrée sur une des ailes ou
sur le flanc de l'ennemi. On forme cette colonne successivement en bataille, et chaque bataillon, aussitôt qu'il est formé, se porte en avant. On attaque
ainsi rapidement par échelons, afin de ne pas donner
à l'ennemi le temps de changer de front, ou de faire
arriver des réserves.

Dans toutes les dispositions, notamment dans
celles de l'attaque, il faut avoir pour principe de ne
dévoiler ses desseins que le plus tard possible, et de
les porter à exécution avec la plus grande promptitude. Aussi il convient généralement de préférer la
nuit pour porter des troupes sur le flanc ou sur les
derrières de l'ennemi. Autrement, il serait nécessaire de masquer leur marche par un grand mouvement.

Comme il est important de ne jamais hasarder une
attaque sans avoir ses communications et sa retraite assurées, le commandant en chef prescrit à
l'avance les dispositions à suivre en cas de non-réus-
site ; il indique aux officiers généraux et aux chefs
de corps les mouvements qu'ils auraient à faire dans

les différentes chances qu'on peut prévoir, et les positions qu'ils devraient successivement occuper. Cependant, bien que le général soit entré, autant que possible, dans tous les détails de la journée, les officiers généraux sous ses ordres peuvent, s'ils y sont forcés par les circonstances, prendre d'autres dispositions que celles qu'il a prévues, mais en agissant toujours conséquemment au plan général et d'ensemble de l'armée ou de la division.

Les ailes et le centre de l'armée, les divisions et les brigades doivent se porter un secours mutuel. Un général qui obtiendrait du succès sur un point, au lieu d'avoir empêché le succès de l'ennemi sur un autre point ou sur une autre troupe qu'il aurait pu secourir, loin de mériter des éloges, encourrait beaucoup de blâme.

Dans les succès, les troupes légères seules doivent suivre l'ennemi sur-le-champ et avec célérité. Les autres ne s'ébranlent qu'après avoir rétabli l'ordre dans leurs colonnes; elles marchent de position en position, et toujours en mesure de repousser une attaque ou de soutenir les corps engagés.

Autant que cela se peut, le général en chef, les généraux commandant les ailes, le centre, la réserve et les divisions, indiquent avant l'attaque le point sur lequel ils seront de leur personne pour recevoir les rapports; s'ils changent de place, ils en avertissent toujours, et laissent un officier au lieu qu'ils ont quitté, pour indiquer la direction qu'ils ont prise.

Devoirs des officiers et des sous-officiers pendant le combat.

135. Pendant le combat, les officiers et les sous-officiers doivent retenir dans les rangs, par tous les moyens en leur pouvoir, les militaires sous leurs ordres, et forcer, au besoin, leur obéissance. Ils ne souffrent pas que des soldats quittent les rangs pour fouiller ou dépouiller les morts, ni pour transporter les blessés, à moins d'une permission expresse qui ne peut être donnée qu'après la décision de l'affaire. Le premier intérêt, comme le premier devoir, est d'assurer la victoire, qui seule peut garantir aux blessés les soins nécessaires.

Les officiers doivent rappeler aux soldats que la générosité honore le courage. En conséquence, les prisonniers de guerre ne sont jamais dépouillés; chacun d'eux est traité avec les égards dus à son rang.

Devoirs des intendants et des sous-intendants.

136. Les intendants et les sous-intendants militaires sont responsables du service de santé; ils sont chargés de la réunion des moyens de secours et de transport pour les blessés. Avant et pendant l'action, ils doivent s'occuper de ces soins importants; ils rendent compte aux officiers généraux. Les généraux et les chefs d'état-major mentionnent dans leur rapport les membres de l'intendance et les officiers de santé qui se sont distingués par leur activité et leur zèle.

Devoirs des officiers d'artillerie.

137. Les officiers d'artillerie envoient, après le combat, recueillir l'artillerie, les armes, les cuirasses et la buffleterie restées sur le champ de bataille.

Rapports; mention à l'ordre et au bulletin.

138. A compter des chefs de bataillon ou d'escadron jusqu'au commandant en chef, chacun, en ce qui le concerne, concourt au rapport écrit de la journée.

Quand un militaire paraît mériter une mention particulière pour sa conduite dans une bataille ou dans un combat, pour avoir pris un drapeau, un canon, sauvé son général ou son chef, ou pour tout autre acte de dévouement, il devient l'objet d'un rapport spécial, d'après lequel le commandant en chef décide s'il doit être cité à l'ordre de l'armée et de plus dans le bulletin des opérations; cette dernière mention ne peut être obtenue sans que la première ait eu lieu.

Le rapport spécial est rédigé et signé par l'officier supérieur ou autre sous les yeux duquel le fait s'est passé, même quand il s'agit d'un officier sans troupes; il est vérifié avec soin par le maréchal de camp et par le lieutenant général; ces officiers généraux y consignent leur avis motivé, de manière qu'il soit bien constaté que la mise à l'ordre de l'armée et la mention au bulletin, ainsi que les récompenses qui en doivent résulter, ont été réellement méritées.

Enfin, les bulletins ne contiennent d'éloges individuels que quand toutes ces formalités ont été exactement remplies; le rapport de la journée, qui souvent doit être rédigé et envoyé sur-le-champ, ne renferme que des éloges généraux et le récit des opérations.

TITRE XIV.

DES CONVOIS ET DE LEUR ESCORTE.

Objet des convois; composition de leur escorte.

139. Les convois sont de différentes sortes; ils ont pour objet le transport des munitions de guerre, de l'argent, des subsistances, des effets d'habillement et d'armement, des malades, etc.

La force et la composition de l'escorte d'un convoi doivent être calculées d'après la nature du convoi, son importance, les dangers qu'il peut avoir à courir, les localités à traverser, la longueur du trajet, etc.

Si c'est un convoi de poudre, l'escorte doit être plus nombreuse, afin qu'elle puisse mieux en éloigner le combat.

La cavalerie ne concourt à l'escorte des convois que dans la proportion nécessaire pour éclairer au loin la marche. Cette proportion est plus considérable dans un pays ouvert; elle est moindre dans un pays coupé, montueux ou boisé.

Autant que possible, on attache à chaque convoi des sapeurs et, à défaut de sapeurs, des habitants munis d'outils propres à aplanir toutes les difficultés locales, ou à former rapidement quelque obstacle défensif, par des abatis d'arbres ou autrement.

On fait en sorte d'avoir toujours des pièces de rechange pour les voitures, telles que roues, timons, etc.

L'officier général chargé d'organiser et de mettre en route un convoi donne au commandant une instruction écrite, très-détaillée.

Autorité du commandant.

140. L'officier commandant l'escorte d'un convoi a pleine autorité sur les troupes de toutes armes qui la composent, ainsi que sur les agents des transports et des équipages militaires.

Si le convoi ne se compose que de munitions de guerre, le commandement en appartient à l'officier d'artillerie, pourvu qu'il soit d'un grade supérieur ou même seulement égal à celui du commandant de l'escorte. Dans tous les cas, le commandant de l'escorte défère, autant que la défense du convoi lui paraît le permettre, aux demandes de l'officier d'artillerie, en ce qui concerne les heures du départ, les haltes, la manière de parquer les voitures, l'ordre à y maintenir et les sentinelles à placer pour les garantir d'accident.

Les officiers étrangers à l'escorte qui marchent avec le convoi ne peuvent, quel que soit leur grade, y exercer aucune autorité sans l'assentiment du commandant ; ce dernier dispose, dans l'intérêt du service, de tous les militaires présents qui lui sont égaux ou inférieurs en grade.

Division du convoi.

141. Quand un convoi est considérable, il est essentiel de le partager en plusieurs divisions, et de placer près de chacune le nombre d'agents nécessaire pour la maintenir dans l'ordre et veiller à ce qu'il n'y ait que quatre pas d'intervalle d'une voiture à une autre. Un petit détachement d'infanterie est attaché à chaque division, et s'il y a dans le convoi des voitures du pays, des soldats sont répartis de distance en distance pour en surveiller les conducteurs.

Les munitions de guerre sont habituellement en tête du convoi; les voitures portant des subsistances marchent ensuite; puis, viennent celles qui sont chargées d'effets militaires.

Les voitures auxquelles les officiers ont droit forment une division séparée; l'ordre de marche pour ces dernières est réglé d'après le rang des officiers auxquels elles appartiennent. Les voitures des vivandiers, cantiniers et marchands, sont à la queue du convoi.

Toutefois, ces dispositions sont subordonnées aux projets présumés de l'ennemi; les voitures dont la conservation importe le plus à l'armée doivent toujours marcher dans l'ordre le plus propre à les préserver de danger.

Il n'est jamais permis aux soldats de placer leur sac sur les voitures.

Renseignements et reconnaissances préalables.

142. L'ordre et la marche d'un convoi sont réglés en raison de la proximité de l'ennemi, de la force et de l'espèce des troupes respectives, de la nature des lieux et de l'état des chemins. Le commandant se fait donner, sur ces différents objets, des renseignements très-détaillés dont il vérifie l'exactitude par des reconnaissances poussées aussi loin qu'il est besoin. Il ne se met jamais en route qu'après avoir reçu le rapport de ces reconnaissances, et donné en conséquence ses instructions aux troupes chargées de l'éclairer. La prudence doit présider à toutes ses dispositions.

Dispositions pour la marche et pour la défense.

143. Le convoi a toujours une avant-garde et une arrière-garde; le commandant concentre le gros de l'escorte sous ses ordres immédiats, au point le plus important, ne laissant aux autres points que de petits corps, ou seulement des gardes.

Dans les terrains entièrement découverts, le corps principal marche sur les côtés de la route, à hauteur du centre du convoi; dans les autres circonstances, il marche, soit à la tête, soit à la queue, selon que l'une ou l'autre est plus exposée aux attaques de l'ennemi.

L'avant-garde part assez à l'avance pour aplanir les obstacles qui retarderaient le marche du convoi; elle fouille les bois, les villages et les défilés; elle se lie avec le convoi par des cavaliers chargés de transmettre au commandant les renseignements qu'elle recueille, et de recevoir ses ordres. Elle reconnaît le terrain propre aux haltes et à l'établissement des parcs.

Si l'on craint pour la tête de la colonne, l'avant-garde s'empare de tous les défilés et de toutes les positions où l'ennemi pourrait opposer des obstacles ou des troupes. Le corps principal, qui suit alors de plus près l'avant-garde, la remplace dans ces positions, et n'en repart que lorsque la tête du convoi l'a rejoint; il y laisse, s'il en est besoin, quelques troupes qui sont relevées successivement par les petits corps restés à l'escorte des voitures; la position n'est abandonnée entièrement que quand la totalité du convoi l'a dépassée, ou plus tard encore, si le commandant le juge convenable.

Des règles analogues sont suivies lorsque les derrières du convoi sont menacés; l'arrière-garde est alors chargée de rompre les ponts, de barricader et détériorer les chemins, et d'opposer à l'ennemi le plus d'obstacles possible. Elle se lie au convoi par des cavaliers.

Si les flancs sont menacés; si en même temps le terrain est peu accessible, entrecoupé, s'il y a plusieurs défilés à passer, la défense du convoi est plus difficile. On ne doit avoir alors que peu de monde à l'avant-garde et à l'arrière-garde; les positions qui peuvent couvrir la marche sont occupées par le corps principal, avant que la tête soit parvenue à la

8.

hauteur de ces positions, et jusqu'à ce que le convoi soit entièrement au delà.

Si le convoi est considérable, et si l'on doit passer par des endroits que la force et la proximité de l'ennemi rendent dangereux , il est quelquefois nécessaire, de crainte qu'il ne se trouve compromis en totalité, d'en faire partir les divisions séparément et à intervalle, pour ne les réunir qu'après le passage effectué. Dans ce cas, la majeure partie des troupes marche avec la première division; les positions dont elle s'empare sont couvertes par des tirailleurs et des éclaireurs, et au besoin par des petits postes; ces positions ne sont abandonnées que lorsque la totalité du convoi a passé.

Si le convoi a du canon, le commandant en dispose comme l'indiquent les localités et les circonstances.

Pour hâter le trajet et faciliter la défense, on fait marcher les voitures sur deux files, toutes les fois que la largeur de la route le permet.

Si une voiture se casse, elle est tirée hors de la route; quand elle est réparée, elle prend la queue du convoi; si la réparation en est impossible, son chargement est réparti sur les autres voitures; ses chevaux fournissent du renfort aux attelages qui en ont besoin.

Les convois par eau sont escortés d'après les mêmes principes; chaque bateau reçoit un petit poste d'infanterie; une partie de la troupe précède ou suit le convoi sur des bateaux particuliers; la cavalerie qui marche à la hauteur du convoi, l'avant-garde et l'arrière-garde, qui font également route par terre, se lient aux bateaux par des flanqueurs, et leur font passer les avis qui les intéressent. Lorsque les rivières coulent entre des montagnes très-rapprochées, la majeure partie de l'infanterie doit suivre par terre, pour empêcher l'ennemi de s'établir sur les sommités, et d'inquiéter le convoi.

Haltes, parcs.

144. D'heure en heure, on s'arrête pendant quelques instants pour laisser reprendre haleine aux attelages, et donner aux dernières voitures le temps de serrer à leur distance. Il n'est fait que très-rarement de grandes haltes, et seulement dans des lieux reconnus à l'avance et favorables à la défense du convoi. Les villages environnants sont fouillés, ainsi que les terrains qui pourraient servir à cacher l'ennemi. Les chevaux ne sont pas dételés ; on se garde militairement.

La nuit, on parque de manière à se défendre contre une attaque ouverte ou à se garder d'une surprise, et de préférence loin des lieux habités, si le pays qu'on traverse est ennemi ou mal disposé.

Pour parquer, les voitures sont habituellement placées sur plusieurs rangs, essieu contre essieu, les timons dans une même direction ; on laisse entre chaque rang une rue assez large pour que les chevaux puissent y circuler aisément.

Si l'on craint une attaque, le parc est formé en

carré, les roues de derrière tournées vers l'extérieur, les chevaux dans l'intérieur du carré.

Au départ du convoi, chaque division ne bride qu'au moment où elle est prête à suivre le mouvement de la division qui la précède.

Défense d'un convoi.

145. Dès que le commandant est averti de la présence de l'ennemi, il fait serrer le plus possible les files des voitures et continue sa marche dans le plus grand ordre. Ordinairement, il évite les occasions de combattre; cependant, si l'ennemi l'a devancé dans un défilé ou sur une position qui domine la route, il l'attaque vigoureusement avec une grande partie de sa troupe, mais il ne s'abandonne point à la poursuite, afin de ne jamais s'éloigner du convoi, et de ne pas donner dans le piége d'une feinte retraite. Le convoi, qui a dû s'arrêter, ne reprend sa marche qu'après que la position a été enlevée.

Quand le commandant du convoi s'est assuré que les forces de l'ennemi sont trop supérieures aux siennes, il se décide à parquer; le parc est formé hors de la route et en carré, dans l'ordre indiqué à l'article précédent.

Lorsqu'il n'est pas possible de sortir de la route, les voitures doublent les files, si elles ne se trouvent déjà dans cet ordre; chaque voiture serre sur la précédente, le plus possible, le timon placé en dedans de la route; en tête et à la queue du convoi, des voitures sont mises en travers pour fermer le passage.

Les conducteurs des voitures sont à pied, à la tête de leurs chevaux, pour mieux en être maîtres. Les conducteurs et les domestiques qui voudraient fuir sont à la disposition absolue des officiers et sous-officiers.

Les tirailleurs tiennent le plus longtemps possible l'ennemi loin du convoi; s'il devient nécessaire de les soutenir, le commandant y pourvoit, mais avec la plus grande circonscription, parce qu'il est essentiel qu'il conserve réuni le plus de monde possible pour le moment où l'ennemi fera ses plus grands efforts.

Dans le cas où le feu prend au convoi, il faut, s'il est parqué, s'occuper d'éloigner les voitures enflammées, ou, si on ne le peut, les voitures de munitions d'abord, puis celles qui se trouvent sous le vent. Sur une route, on renverse dans le fossé les voitures en combustion, après en avoir ôté les attelages, qu'on répartit ainsi qu'il a été dit.

On essaie de faire filer un certain nombre de voitures, si la tournure que prend le combat rend ce moyen extrême nécessaire, et si la nature du pays ou la proximité d'un poste en favorisent l'exécution. Quelquefois, le commandant abandonne à l'ennemi une partie du convoi pour sauver l'autre; dans ce cas, il laisse de préférence les voitures chargées de vin ou d'eau-de-vie, et ne sacrifie les munitions de guerre qu'à la dernière extrémité.

Lorsqu'après une défense opiniâtre, et la perte de la majeure partie de sa troupe, le commandant se sent trop faible pour résister plus longtemps, et qu'il ne peut espérer aucun secours, il fait mettre le feu au convoi, puis il tente, par une action vigoureuse, de se frayer une issue, et d'emmener ses chevaux d'attelage ; il les tue plutôt que de les abandonner à l'ennemi.

La défense d'un convoi de malades ou de blessés a lieu d'après les mêmes règles ; celle d'un convoi de prisonniers de guerre présente des difficultés particulières : a-t-on à s'arrêter pour résister à l'ennemi ? il faut les obliger de se tenir couchés, avec menace de tirer sur eux, s'ils tentent de se relever avant d'en avoir reçu l'ordre. Dans tout autre cas, il faut presser leur marche, atteindre un village, et les y enfermer dans une église ou dans un grand bâtiment, dont on défend les approches.

TITRE XV.

DES DISTRIBUTIONS.

Dispositions générales.

146. Les généraux, les officiers supérieurs, les intendants et les sous-intendants militaires, doivent s'occuper, avec la plus grande sollicitude, d'assurer la subsistance du soldat ; le meilleur moyen est de calculer les ressources et de les ménager de manière qu'elles suffisent à tous et pour tout le temps présumé des besoins. Quand les magasins ne sont pas formés, les intendants, chacun dans l'arrondissement qui lui est assigné, font, avec l'approbation du général commandant, réunir par les autorités locales, les denrées dont on a besoin ; si par suite de marche forcée, de combat, ou par toute autre cause de force majeure, cette précaution n'a pu être prise, la troupe doit, autant que possible, n'aller aux provisions qu'en ordre, sous la conduite d'officiers, avec une escorte qui puisse la protéger contre l'ennemi et la contenir elle-même dans de justes bornes. Dans ce cas, les villages, les rues, les granges sont répartis avec ordre entre les régiments, les compagnies et les escadrons.

Présence d'un intendant ou d'un sous-intendant et d'un officier d'état-major.

147. Si les distributions ont lieu pour plusieurs divisions, un intendant ou un sous-intendant et un officier supérieur d'état-major y assistent, pour s'assurer du poids ainsi que de la qualité des denrées, et pour faire droit sur-le-champ aux réclamations des corps. Quand les distributions ont lieu pour une division, il doit s'y trouver un sous-intendant et un officier d'état-major.

Lorsque la distribution de viande est faite pour une division, et que les régiments sont chargés d'abattre, le chef de l'état-major fait commander dans chacun, à tour de rôle, une corvée pour enterrer les entrailles des bestiaux abattus ; si la distribution a lieu pour un régiment seulement, cette

corvée est commandée par l'adjudant–major de semaine.

Ordre dans lequel les corps reçoivent les distributions.

148. Dans les divisions, les brigades et les régiments, on commence les distributions alternativement par la droite et par la gauche, en suivant l'ordre de bataille des régiments dans les divisions et
les brigades, des bataillons ou escadrons dans les régiments.

Un corps que son tour appelle à être servi le premier ne peut faire interrompre la distribution d'un
autre corps, lorsqu'il la trouve commencée.

Capitaine de distributions.

149. Il est commandé par chaque régiment d'infanterie ou de cavalerie un capitaine de distributions ; ce service compte au troisième tour ; dans la
cavalerie, les capitaines en second en sont ordinairement chargés.

On désigne aussi un capitaine de distributions
pour un bataillon ou deux escadrons détachés.

Le capitaine de distributions se conforme à ce qui
est prescrit par le règlement de service intérieur.
S'il croit avoir à se plaindre du poids ou de la qualité des denrées, et qu'il ne puisse faire rendre jus-
tice sur-le-champ, il est autorisé à suspendre la
distribution, et à faire auprès du général, du chef
d'état-major, du sous–intendant ou des autorités lo-
les, les démarches convenables.

Le capitaine de distributions veille à ce que la

viande ne soit pas distribuée quand elle est encore chaude. S'il est impossible de faire autrement, on accorde, en compensation, autant que les ressources le permettent, une augmentation de poids.

La vente et le rachat des rations sont sévèrement défendus, soit que les fournitures aient été faites par l'administration de l'armée, soit qu'elles l'aient été par les autorités locales. Il n'est accordé de rations de fourrages que pour les chevaux présents.

Visite de l'hôpital.

150. S'il y a un hôpital ou une ambulance à portée du camp ou du cantonnement, le capitaine de distributions est tenu de s'y transporter, pour vérifier la qualité des aliments, et recevoir les réclamations des malades; il écrit ses observations sur un registre à ce destiné.

Lorsque le service des distributions l'empêche de faire cette visite, il est remplacé par le capitaine premier à marcher au troisième tour.

Le capitaine de distributions fait à l'officier supérieur de semaine le rapport des distributions et, en outre, de sa visite de l'hôpital.

Magasins non fournis.

151. Quand les magasins ne sont pas approvisionnés, les généraux peuvent employer des officiers d'état-major ou des officiers de chaque corps, concurremment avec les sous-intendants militaires, pour la réunion des denrées à fournir par les villa-

ges. Les corvées sont conduites en ordre aux distributions par le capitaine et les autres officiers de distributions. Il en est de même lorsque, par des circonstances fortuites, on est forcé d'aller aux subsistances sans qu'elles aient été réunies ; dans ce cas, le capitaine de distributions a le commandement sur l'escorte qui doit protéger et contenir les hommes de corvée.

Dispositions plus particulières à la cavalerie.

152. Comme la cavalerie doit le plus souvent, pour la facilité des fourrages, occuper les villages, les officiers généraux ont soin de faire la répartition des gîtes, en raison des ressources qu'ils présentent.

Si l'on doit rester plusieurs jours, chaque officier qui commande dans un village fait réunir et rationner le foin par les habitants, afin qu'il soit distribué avec ordre et économie, et que les chevaux logés dans les lieux les moins pourvus y participent dans la même proportion que les autres.

Si la cavalerie est au bivouac, ou qu'il y ait des villages qu'on ne veuille pas occuper, les officiers généraux et les officiers supérieurs des corps font ordonner à temps aux habitants de réunir, botteler et porter au dehors les fourrages. On y conduit en ordre, et l'on prend toutes les précautions nécessaires de police et de sûreté.

Cette disposition est applicable à la réunion de la paille des camps ; tout commandant de troupes placées dans un village est chargé de faire exécuter à cet égard les ordres des officiers généraux et les demandes des sous-intendants; il en est de même pour tout objet relatif à la subsistance des troupes.

Quant aux fourrages de l'artillerie, *du génie, des équipages militaires* (1) et des officiers d'infanterie, les officiers généraux désignent les villages qui doivent les fournir; et, à vue de l'ordre qu'ils en ont donné, les officiers commandant dans ces villages sont tenus de faire délivrer des rations au *prorata* de celles de la cavalerie.

Les capitaines de distributions ont le plus grand soin que la corvée des fourrages et celle de la paille soient conduites avec ordre; ils font punir sévèrement les domestiques qui cherchent à s'écarter.

Maisons de poste.

153. Les maisons de poste ne sont point soumises aux visites pour la contribution extraordinaire en subsistances, si ce n'est à l'egard des dépôts qui n'appartiendraient pas au maître de l'établissement.

Logements des officiers généraux.

154. Les maisons où logent les officiers généraux sont également exemptes des visites pour la contri-

---

(1) Paragraphe modifié par l'ordonnance du 8 avril 1837, *Journal militaire*, p. 178.

bution extraordinaire des subsistances ; mais cette exemption ne dispense pas les propriétaires de ces maisons de satisfaire aux réquisitions régulières qui leur sont faites pour les besoins de l'armée.

Prestations extraordinaires en pays conquis.

155. Les généraux d'armée soumettent à l'approbation du ministre de la guerre, qui prend les ordres du Roi, toutes les propositions relatives aux distributions extraordinaires et aux autres avantages à accorder aux officiers et aux soldats en cantonnement dans un pays conquis.

Époque du passage au pied de guerre.

156. Tout ordre donné à un corps de former d'une part son dépôt, et de l'autre ses bataillons ou ses escadrons de guerre, et de se tenir prêt à marcher, emporte pour les officiers, à moins d'ordres contraires, l'obligation de se pourvoir de leurs chevaux de guerre. En conséquence, ils reçoivent dès lors, sur la présentation d'un certificat du conseil d'administration, visé par le sous-intendant militaire, et constatant qu'ils ont acheté ces chevaux, la même quantité de rations de fourrages que s'ils étaient en campagne.

Tarif des rations.

157. Lorsqu'une armée doit entrer en campagne, le ministre de la guerre détermine un tarif des distributions, en raison de la destination offensive ou

défensive de cette armée et des besoins et des ressources dans chacune de ces hypothèses.

Le commandant en chef peut opérer des diminutions à ce tarif, lorsque les circonstances l'exigent, mais il ne peut y faire d'augmentations que dans le cas où, par suite de succès au delà de nos frontières, ces augmentations deviendraient nécessaires et seraient sans frais pour l'État.

Retour au pied de paix.

158. Les troupes à cheval qui sont remises sur le pied de paix continuent à recevoir la ration de fourrages sur le pied de guerre jusqu'au quinzième jour inclusivement après être rentrées dans leur garnison ; les officiers reçoivent également pendant un mois, à dater de cette époque, les rations de fourrages pour les chevaux qu'ils possèdent, jusqu'à concurrence du nombre qui leur est attribué pour le pied de guerre. Cette disposition est applicable aux officiers de toutes armes qui sont montés (1).

TITRE XVI.

DES ÉQUIPAGES, DES VAGUEMESTRES, DES VIVANDIERS, DES BLANCHISSEUSES ET DES MARCHANDS A LA SUITE DE L'ARMÉE.

Nombre et espèce des équipages.

159. Le ministre de la guerre, en même temps

---

(1) Voir, au surplus, les articles 293 à 295 de l'ordonnance du 25 décembre 1837 sur la solde.

qu'il règle le tarif des rations à allouer, détermine, toujours d'après la destination de chaque armée et les ressources que présentent les localités, le nombre et l'espèce d'équipages accordés aux généraux, aux officiers, aux corps de troupes, aux membres de l'intendance, aux officiers de santé, aux employés des divers services, aux vivandières, blanchisseuses et autres personnes à la suite de l'armée.

Ces dispositions peuvent recevoir des modifications, conformément à l'article 157.

Vaguemestres des quartiers généraux.

160. Il y a un vaguemestre pour le grand quartier général, et un pour chaque division.

Les vaguemestres sont pris parmi les officiers sans troupes à la suite du quartier général de l'armée; celui du grand quartier général, parmi les officiers supérieurs; ceux des divisions, parmi les capitaines ou les lieutenants. Chacun d'eux a un aide choisi parmi les sous-officiers de l'armée, et, s'il est possible, dans la gendarmerie.

Les vaguemestres de l'armée et ceux des divisions sont chargés,

1° De maintenir, conjointement avec les officiers de gendarmerie, l'ordre et la police à l'égard des voitures et des domestiques de l'état-major;

2° De diriger la marche des équipages d'après les ordres qu'ils reçoivent des chefs d'état-major.

Quand les équipages d'une ou de plusieurs divisions doivent marcher avec ceux du grand quartier général, les vaguemestres des divisions sont sous les ordres du vaguemestre de l'armée.

Quand les équipages de plusieurs divisions doivent marcher réunis, le vaguemestre de division le plus élevé en grade, ou, à grade égal, le plus ancien, a le commandement.

Vaguemestres des régiments.

161. Les vaguemestres des régiments font le service de la poste aux lettres, conformément à ce qui est prescrit par l'ordonnance sur le service intérieur. Ils sont chargés de réunir tous les moyens de transport. Les chevaux des équipages, l'entretien des voitures du régiment et des harnais sont sous leur surveillance spéciale. Ils maintiennent le bon ordre parmi les équipages, tant au parc qu'en marche ; les sous-officiers, soldats, cantiniers et domestiques qui s'y trouvent, n'importe à quel titre, sont sous leur autorité.

Dans la marche, les vaguemestres des régiments sont sous les ordres du vaguemestre de la division ; quand ils marchent par brigade, le plus ancien de la brigade a le commandement.

Police.

162. Afin qu'il n'y ait à l'armée que les voitures et les chariots autorisés par les règlements, les voitures des officiers généraux, celles des administrateurs et des employés de l'armée portent le chiffre de leur propriétaire, les fourgons portent leur nom : les fourgons et les voitures des régiments sont marqués

du numéro du régiment : les voitures des marchands, des vivandiers et cantiniers, ont une plaque. Le commandant de la gendarmerie s'assure, dans les quartiers généraux, que ces dispositions sont exécutées ; le chef de l'état-major général lui fait remettre, ainsi qu'au vaguemestre général, l'état des officiers et des employés de l'armée ayant droit à des voitures ou fourgons.

Garde des équipages ; leur escorte.

163. Les équipages des quartiers généraux peuvent avoir une garde ; la force de cette garde est réglée par le chef d'état-major.

Les généraux de brigade font garder leurs équipages par les hommes attachés aux équipages du premier régiment de la brigade sous leurs ordres.

Les équipages des régiments sont chargés, déchargés et gardés par les hommes qui n'entrent pas dans le rang, par les convalescents, et en outre, dans la cavalerie, par les hommes démontés.

Quand il est donné une escorte aux équipages pour leur défense, l'officier qui commande cette escorte se conforme à ce qui est prescrit au titre les convois ; les vaguemestres sont sous ses ordres.

La gendarmerie n'est employée aux équipages que pour la police ; elle ne l'est jamais comme escorte.

Ordre des équipages en marche.

164. Les équipages du grand quartier général marchent dans l'ordre suivant :

Ceux du commandant en chef,

Ceux du chef de l'état-major général,
—— des lieutenants généraux,
—— de l'intendant de l'armée,
—— du trésor et du payeur général,
—— des maréchaux de camp,
—— des intendants militaires,
—— du grand-prévôt,
—— des colonels attachés à l'état-major,
—— des sous-intendants et de leurs adjoints,
—— des officiers d'état-major, de gendarmerie,
    et à la suite du quartier général,
—— du médecin, du chirurgien et du pharma-
    cien en chef,
—— de l'imprimerie de l'armée,
—— des agents de l'administration, dans l'ordre
    déterminé par l'intendant en chef,
—— de la poste aux lettres,
—— des vivandiers et marchands autorisés.

Les équipages des quartiers généraux de division sont dans un ordre analogue.

Le rang de bataille des brigades et des régiments détermine l'ordre dans lequel marchent leurs équipages.

Réunion et départ des équipages.

165. Les ordres pour la réunion et le départ des équipages sont donnés aux vaguemestres de l'armée et des divisions par les chefs d'état-major, et aux vaguemestres des régiments par les colonels.

Habituellement les divisions sont suivies de leurs équipages, qui se réunissent au rendez-vous général des brigades. S'il en doit être autrement, l'ordre relatif au mouvement des divisions, des brigades et des régiments, comprend, pour chacun de ces corps, ce qui concerne la réunion et la direction des équipages.

On fait en sorte que les équipages du quartier général de l'armée ne gênent pas la marche des troupes, et ne se trouvent pas réunis à ceux des divisions. Dans aucun cas, les équipages, quels qu'ils soient, ne sont soufferts au milieu des troupes, et ne doivent en retarder la marche.

Rencontre d'équipages.

166. Quand deux colonnes d'équipages se rencontrent, la marche de chacune est réglée suivant le rang du corps auquel elle appartient et d'une manière analogue à ce qui est prescrit pour les troupes, à l'*article* 133.

Police des équipages.

167. Tout vaguemestre commandant une réunion d'équipages prescrit ce qu'il juge convenable pour maintenir l'ordre des voitures, soit qu'elles marchent, soit qu'elles s'arrêtent ensemble ou séparément.

Les chefs d'état-major mettent à la disposition des vaguemestres de l'armée et des divisions, en outre de l'aide attaché à chacun d'eux, des sous-officiers de gendarmerie, pour être employés, sous leur direction, à la police et au maintien de l'ordre dans la marche des équipages.

Les vaguemestres, ainsi que la gendarmerie, sont autorisés à employer tous les moyens coërcitifs envers les cochers, les domestiques et les charretiers qui conduisent mal leurs équipages, maltraitent leurs chevaux ou s'écartent pour boire. Ceux qui résistent avec violence, qui se livrent au pillage, ou qui, au moment d'une attaque, cherchent à s'enfuir, doivent être traduits devant un conseil de guerre.

Surveillance relative aux équipages.

168. Les généraux commandants d'armée ou de division exigent rigoureusement que les officiers généraux, les officiers d'état-major, les régiments sous leurs ordres et toutes les personnes tenant à leurs troupes, n'aient que le nombre de voitures et de chevaux permis par les règlements; ils font passer fréquemment et passent eux-mêmes des revues à cet effet. Ils veillent à ce qu'il n'y ait point de chevaux de main menés par des cavaliers, ni de soldats employés à conduire des voitures, et à ce que, sous aucun prétexte, des cavaliers ne soient mis à pied pour prêter leurs chevaux à des officiers. Ils ne permettent jamais que les voitures d'artillerie non plus que celles du train soient chargées de rien d'étranger à leur service, et, particulièrement, que les soldats de ces deux armes soient employés, même momentanément, à conduire des voitures particulières, ni que leurs chevaux y soient attelés.

Les vaguemestres du grand quartier général et des divisions (à l'égard des équipages dont ils ont la police et la surveillance), et tous les officiers et sous-officiers de gendarmerie, ont le droit de vérifier si l'on se conforme au règlement, quant au nombre et à la nature des transports. Dans les cas urgents, ils arrêtent les voitures non autorisées et remettent les chevaux à l'artillerie sur reçu : ils rendent compte au chef d'état major.

TITRE XVII (1).

GENDARMERIE; POLICE GÉNÉRALE.

Attributions générales.

169. La gendarmerie remplit à l'armée des fonctions analogues à celles qu'elle exerce dans l'intérieur. La surveillance des délits, la rédaction des procès-verbaux, la poursuite et l'arrestation des coupables, la police, le maintien de l'ordre, sont de sa compétence et constituent ses devoirs.

Elle n'est employée au service d'escorte et d'ordonnances que dans le cas de la plus absolue nécessité.

Les officiers et les sous-officiers des troupes sont tenus de déférer à la demande de la gendarmerie, lorsqu'elle croit avoir besoin d'appui.

Grand prévôt et prévôts.

170. Le commandant de la gendarmerie d'une

---

(1) Consulter aussi le décret impérial du 1er mars 1854, sur l'orgni-ation et le service de la gendarmerie (chapitre 5), *Journal militaire*, p. 425.

armée est appelé *grand prévôt ;* le commandant de la gendarmerie d'une division est appelé simplement *prévôt.*

Attributions spéciales.

171. Les attributions du grand prévôt embrassent tout ce qui est relatif aux crimes et délits commis dans l'arrondissement de l'armée : son devoir est surtout de protéger les habitants du pays contre le pillage ou toute autre violence.

Les prévôts ont les mêmes attributions, chacun dans l'arrondissement de la division à laquelle il est attaché.

Tout militaire employé à l'armée, qui a connaissance d'un crime ou délit, doit en donner sur-le-champ avis au grand prévôt ou à un prévôt, ou à quelque autre officier de gendarmerie ; il est tenu de répondre catégoriquement à toutes les questions que lui adresse le prévôt.

Le grand prévôt ou le prévôt, dès qu'il a eu éveil d'un crime ou délit, commence les informations nécessaires. Dans le cas de flagrant délit entraînant peine afflictive ou infamante, il se transporte immédiatement sur les lieux, il y opère la saisie des pièces de conviction, et y dresse procès-verbal de toutes les dépositions et de tous les renseignements qu'il peut recueillir.

Il fait procéder à la recherche et à l'arrestation des prévenus, et, dans ce dernier cas, les fait conduire devant le général commandant la division à laquelle ils appartiennent.

Il donne aux rapporteurs des conseils de guerre tous les documents que ceux-ci lui demandent et qu'il est en son pouvoir de leur procurer ; il est tenu de déférer à la réquisition de comparaître comme témoin, quand elle lui est faite régulièrement.

Il visite fréquemment les lieux qu'il juge avoir plus spécialement besoin de sa surveillance; il informe de son itinéraire les généraux près desquels il est placé.

Garde et escorte d'honneur des prévôts.

172. Le grand prévôt a une garde à son logement. Dans les marches et dans ses tournées, il est escordé de deux brigades de gendarmerie. Un prévôt, dans le même cas, est accompagné d'une brigade.

Individus non militaires.

173. La police relative aux individus non militaires, aux marchands à la suite de l'armée, aux vivandiers et aux domestiques, entre plus spécialement dans les attributions de la gendarmerie.

En conséquence, les généraux et les fonctionnaires de l'armée qui ont à leur suite des secrétaires, des interprètes, etc., sont tenus d'en faire connaître le nom, les prénoms, le lieu de naissance et le signalement au grand prévôt, et au prévôt de la division.

Les personnes qui veulent exercer une profession quelconque à la suite de l'armée se font inscrire chez le grand prévôt pour obtenir une permission et recevoir une patente. Elles sont obligées de justifier de leur bonne conduite, de leurs facultés, et de déclarer à quel genre d'industrie elles veulent se livrer. Celles qui sont trouvées à la suite des troupes sans en avoir obtenu l'autorisation sont traduites devant le prévôt de la division, qui, après les avoir condamnées, s'il y a lieu, à une amende de cinquante francs, les renvoie de l'armée, sans préjudice de plus forte peine, s'il est reconnu qu'elles s'y soient introduites avec de mauvaises intentions.

La gendarmerie signale au chef de l'état-major les employés d'administration qui ne portent pas habituellement le costume que leur affectent les règlements.

Vivandiers, cantiniers et marchands.

174. Les vivandiers des quartiers généraux ont des patentes qui leur sont délivrées par les prévôts, sous l'approbation des chefs de l'état-major. Les cantiniers des régiments reçoivent les leurs des conseils d'administration, et sont tenus de les faire viser par le prévôt de la division.

Les vivandiers et cantiniers reçoivent, en outre, une plaque portant l'exergue *vivandiers* ou *cantiniers,* et le numéro d'enregistrement de leur patente. Ils sont tenus de porter cette plaque d'une manière ostensible, et d'en avoir à leurs voitures une autre portant leur nom, le numéro de leur patente et l'indication du quartier général ou du régiment auquel ils appartiennent.

Les chefs d'état-major, les chefs de corps et la gendarmerie exigent que les comestibles et les liquides dont les vivandiers et les cantiniers doivent être pourvus soient toujours de bonne qualité, en quantité suffisante et au moindre prix possible. Ils se règlent, à ce dernier égard, sur ce que les localités et les circonstances présentent de favorable pour les approvisionnements.

Il est souvent fait des perquisitions dans les voitures des marchands, vivandiers et cantiniers, pour empêcher qu'elles ne servent à transporter d'autres objets que ceux qu'elles doivent contenir. Les chefs de bataillon, les adjudants-majors et les adjudants, sont plus spécialement chargés d'user de sévérité à cet effet envers les cantiniers des corps.

Punitions pour contraventions ; amendes.

175. Les officiers et les sous-officiers de gendarmerie vérifient souvent les poids et mesures; ils confisquent, conformément aux lois, ceux qui ne sont point étalonnés. Le grand prévôt inflige aux contrevenants la peine disciplinaire qu'il juge applicable à leur délit; il les prive pour un temps de leur patente, et peut, en cas de récidive, les renvoyer de l'armée, le tout sans préjudice des restitutions auxquelles ils peuvent être obligés, ni des autres châtiments qu'ils peuvent avoir encourus par fraude.

Le grand prévôt et les prévôts peuvent infliger des amendes aux personnes qui suivent l'armée sans permissions, aux vivandiers, cantiniers et marchands qui se servent de poids et mesures non étalonnés, ou qui contreviennent aux règlements de police de l'armée. Le produit de ces amendes, dont aucune ne peut excéder cent francs, est mis à la disposition du grand prévôt, qui l'emploie pour les besoins de son service, sous l'approbation du chef de l'état-major général (1).

Domestiques.

176. Les domestiques des officiers et des employés de l'armée sont tenus d'avoir une attestation signée de leur maître, et constatant qu'ils sont à son service; cette attestation est visée, dans les corps par les colonels, dans les états-majors et les administrations par le prévôt. Les domestiques la représentent toutes les fois qu'ils en sont requis; leurs congés sont visés de la même manière. Il est défendu de prendre à l'armée un domestique qui ne soit pas porteur d'un congé en règle.

Un domestique qui abandonne son maître pendant la campagne est réputé vagabond et arrêté comme tel.

Prisons.

177. Des prisons destinées à recevoir les militai-

---

(1) Voir aussi l'article 522 du décret impérial du 1er mars 1854, sur l'organisation et le service de la gendarmerie.

res de tout grade, les gens sans aveu ou suspects, etc., etc., sont établies dans les quartiers généraux de division, par les soins des prévôts. Elles sont sous l'autorité de ces officiers et sous la surveillance des commandants des quartiers généraux.

Militaires arrêtés ou en désertion.

178. Les militaires arrêtés par la gendarmerie sont reconduits par elle à leur corps, à moins que l'inculpation élevée contre eux ne soit de la compétence des conseils de guerre. Dans ce dernier cas, les pièces de conviction sont remises au chef d'état-major de la division, qui prend les ordres du général pour faire informer.

Le signalement des déserteurs et des prisonniers évadés est envoyé dans les vingt-quatre heures au plus tard au prévôt de la division, qui prend les mesures nécessaires pour leur arrestation.

Fonctions de la gendarmerie dans les marches.

179. Dans les marches, la gendarmerie suit les colonnes, arrête les pillards, et fait rejoindre les traînards; elle fournit des détachements aux équipages pour y maintenir une police sévère, pour s'assurer si les individus qui s'y trouvent ont le droit d'y être, et même d'être à l'armée.

Voitures du pays.

180. Aucun officier, aucun employé de l'armée ne peut, sans autorisation, requérir ni voitures ni chevaux. La gendarmerie est chargée de recevoir les plaintes des propriétaires, tant sur cet objet que sur tout autre, et au besoin, d'y donner suite.

Chasse ; jeux ; filles de mauvaise vie.

181. A la guerre, la chasse est défendue aux militaires de tout grade. Dans les cantonnements, les officiers ne peuvent chasser qu'avec la permission des propriétaires et l'autorisation du général commandant sur les lieux.

Les jeux de hasard sont défendus. Les prévôts et autres officiers de gendarmerie sont spécialement chargés de faire observer cette défense. Les individus qui se livrent à ces jeux sont punis sévèrement; ceux qui les tiennent, s'ils ne sont pas militaires, sont chassés de l'armée.

La gendarmerie écarte de l'armée les femmes de mauvaise vie.

Chevaux pris sur l'ennemi.

182. Les chevaux enlevés à l'ennemi sont laissés dans les régiments qui les ont pris, s'ils conviennent à l'arme, et si ces régiments en ont besoin ; dans le cas contraire, ils sont envoyés par les chefs d'état-major aux régiments auxquels ils sont propres. Les officiers auxquels il manque des chevaux sont autorisés, en commençant par les moins élevés en grade, et dans chaque grade par les plus anciens, à en choisir parmi ceux qu'on a conquis sur l'ennemi. Le général de brigade préside à la répartition de ces chevaux, et certifie l'état signalétique qui en est dres-

sé. Ils sont payés, par les officiers qui les achètent ou par les régiments qui les reçoivent, d'après le tarif arrêté par le général en chef. Le prix en est distribué aux hommes qui les ont pris.

Déserteurs ennemis.

183. On achète pour le compte du Gouvernement, au prix que le commandant en chef a fixé d'avance pour toute la campagne, les chevaux de déserteurs jugés propres au service de la cavalerie et à celui de l'artillerie. Le général de division fait vendre les autres à l'enchère, après en avoir donné avis par l'ordre de la division.

Les déserteurs sont dirigés sur le grand quartier général. Leurs armes sont remises au commandant de l'artillerie de la division, leurs buffleteries à l'intendant.

Chevaux d'inconnus et chevaux volés.

184. Il est défendu d'acheter des chevaux de personnes inconnues; ceux qu'on trouve sans maître sont conduits au prévôt : il les fait rendre, si on les réclame ; dans le cas contraire, ils sont remis, d'après l'ordre du chef d'état-major, à l'arme à laquelle ils conviennent.

Les chevaux volés ou trouvés sont rendus à leur propriétaire quand il est connu.

Conseils de guerre.

185. Les généraux de division convoquent les

conseils de guerre toutes les fois qu'ils le jugent nécessaire.

Rapports des prévôts.

186. Indépendamment des rapports que les prévôts doivent au grand prévôt sur tous les objets de
leur service, ils en font journellement aux généraux
commandant le corps de troupe auquel ils sont attachés. Ils les informent surtout des ordres du commandant en chef en ce qui concerne la police.

Ils reçoivent des ordres des généraux et des chefs
d'état-major pour leur service journalier : ils leur
rendent compte. Dans une brigade détachée, le commandant de la gendarmerie remplit les mêmes devoirs envers le maréchal de camp.

Le grand prévôt transmet, en y joignant ses propres instructions, les ordres qu'il reçoit du commandant en chef ou du chef de l'état-major général, aux
prévôts et aux autres officiers de gendarmerie répartis dans les divisions. Les uns et les autres sont
tenus de les exécuter et d'en informer le chef d'état-
major de la division.

Le grand prévôt rend compte chaque jour au commandant en chef, et prend ses ordres. Tous les huit
jours, et plus souvent s'il y a lieu, il présente un
rapport général sur son service, au chef de l'état-
major général, qui le soumet au commandant en
chef.

TITRE XVIII.

DES SAUVEGARDES.

Compagnie de sauvegardes.

187. Lorsque des troupes sont rassemblées pour former une armée active, il peut être organisé une compagnie de sauvegardes d'une force relative à celle de l'armée. La compagnie de sauvegardes est composée, autant que possible, d'officiers et de sous-officiers tirés des compagnies de sous-officiers vétérans et de la gendarmerie à pied ; elle est répartie dans les quartiers généraux de la manière que le commandant en chef le juge convenable.

Les officiers, sous officiers et gendarmes composant la compagnie de sauvegardes jouissent des attributions et pouvoirs de la gendarmerie, qu'ils secondent dans le maintien de l'ordre.

A défaut de cette compagnie, les sauvegardes sont prises de préférence dans la gendarmerie de l'armée.

Sauvegardes provisoires.

188. Les généraux de division et de brigade s'empressent de donner des sauvegardes provisoires tirées des régiments, aux hôpitaux, aux établissements publics, aux pensionnats, aux communautés religieuses, aux ministres des cultes, aux maisons de poste et aux moulins. Ils sont autorisés à en donner aux particuliers qu'il est dans l'intérêt de l'armée de faire respecter. Ils informent le chef de l'état-major général, qui fait remplacer de suite ces sauvegardes provisoires.

Un général ne peut établir de sauvegardes que dans l'étendue de son commandement.

Remplacement des sauvegardes.

189. A défaut de sauvegardes titulaires, il est pourvu au remplacement des sauvegardes provisoires par les troupes qui succèdent au corps qui les a fournies.

Si le pays est évacué, les sauvegardes sont toutes rappelées. Lorsque, par exception, on leur donne l'ordre d'attendre l'arrivée des troupes de l'ennemi, elles s'adressent à l'officier qui commande ces troupes pour être reconduites aux avant-postes.

Concours des habitants.

190. Les sauvegardes emploient, si cela est nécessaire, des gens du pays pour les seconder ; le pays est responsable des violences qu'elles pourraient éprouver de la part des habitants.

Rétributions.

191. Les généraux de division donnent aux sauvegardes un ordre scellé de leur cachet, et portant autorisation de toucher une rétribution fixée par eux selon les circonstances.

Les sauvegardes jouissent en outre de la totalité de leur solde, et, à moins de nécesssité, il n'est pas fait à leur égard de bons de subsistances.

Police des sauvegardes.

192. Le grand prévôt est chargé de la surveillance et de la police générale des sauvegardes; elles lui obéissent ainsi qu'aux officiers et sous-officiers de gendarmerie.

Sauvegardes écrites.

193. Il est aussi donné des sauvegardes écrites ou imprimées, signées du commandant en chef, contre-signées du chef de l'état-major et portant le cachet de l'état-major général. Les sauvegardes de ce genre, présentées aux troupes, doivent être respectées comme une sentinelle. Elles sont numérotées et enregistrées.

Impression et mise à l'ordre du titre des sauvegardes.

194. Le présent titre *des Sauvegardes* sera imprimé sur feuilles volantes pour être distribué à tous les hommes employés en sauvegarde; l'extrait en sera mis à l'ordre plusieurs fois pendant la campagne.

TITRE XIX.

DES SIÉGES.

Bases du service des siéges.

195. Le service de siége est réglé dans le présent titre pour un corps composé de deux divisions d'infanterie et d'une division ou d'une brigade de cavalerie. Cette force servira de base pour les cas où le siége serait fait par un nombre de troupes moindre ou plus élevé.

Commandant de siége.

196. Tout lieutenant général commandant des divisions réunies pour faire un siége a le rang et les pouvoirs d'un commandant de corps d'armée agissant isolément. Les autres lieutenants généraux conservent le commandement direct de leurs troupes.

Généraux et colonels de tranchée.

197. Les maréchaux de camp d'infanterie concourent entre eux pour le service de tranchée. Il en est commandé chaque jour un ou plusieurs, selon l'étendue ou l'isolement des attaques : ils sont chargés de disposer les gardes de la tranchée pour repousser les sorties, protéger les travaux et les défendre en cas d'attaque; ils veillent à ce que le service, la garde et la police de la tranchée se fassent avec exactitude.

Des officiers d'état-major sont mis à la disposition du général de tranchée pour être employés à la transmission de ses ordres et aux détails du service.

Les colonels et les lieutenants-colonels d'infanterie concourent alternativement au service de tranchée; à cet effet, il en est commandé chaque jour un ou plusieurs, selon l'étendue et le nombre des attaques : ils surveillent le service des gardes et des travailleurs, chacun dans la partie de l'attaque

que le général de tranchée lui a assignée, et qui est de préférence celle où se trouvent des troupes de son régiment.

Le commandant de siége peut, lorsqu'il le juge nécessaire, faire concourir, pour le service de tranchée, les colonels avec les maréchaux de camp ; dans ce cas, il est accordé aux colonels des officiers d'état-major, pour la transmission des ordres et les détails du service.

Bases du service de l'artillerie et du génie dans les siéges.

198. Le commandant du génie rédige, d'après les instructions du général commandant le siége, le projet général du siége ; dans le cas où il le reçoit tout rédigé, il en développe, s'il y a lieu, les dispositions.

Ce projet est d'abord examiné par le commandant du génie et par le commandant de l'artillerie conjointement. Ces deux officiers soumettent leur avis commun ou leurs opinions divergentes au général commandant, qui prononce, arrête le projet, après l'avoir modifié, s'il le juge à propos, et donne les ordres nécessaires pour l'exécuter : la même marche est suivie pour les changements que les événements du siége obligeraient de faire au plan déjà arrêté.

Les mêmes règles s'appliquent au service journalier de la tranchée et aux moyens d'exécution du projet général. Ces moyens sont proposés au général de tranchée par le commandant du génie de tranchée, après avoir été discutés par lui avec le commandant d'artillerie de tranchée. Ce général prononce sur leur avis commun, ou sur leurs opinions respectives; mais, si le retard est sans inconvénient, il en réfère au général commandant le siége.

Major de tranchée.

199. Le général commandant le siége désigne un officier supérieur d'état-major ou d'infanterie pour remplir les fonctions de *major de tranchée*. Il lui adjoint, pour le seconder, un ou deux officiers du grade de capitaine ou de lieutenant.

Le major de tranchée est chargé de tous les détails relatifs au rassemblement des gardes et des travailleurs. Il répartit les gardes sur les divers points des attaques conformément aux ordres du général de tranchée, *et forme les détachements de travailleurs à fournir au génie et à l'artillerie* (1) ; afin qu'il puisse préparer d'avance cette répartition, il reçoit chaque jour, du chef de l'état-major, l'état du service commandé pour les vingt-quatre heures.

A l'arrivée du général de tranchée, le major lui donne tous les renseignements nécessaires sur la position des troupes; il l'accompagne dans sa visite de la tranchée, et prend ses ordres pour les change-

---

(1) Paragraphe modifié par l'ordonnance du 8 avril 1857, *Journal militaire*, p. 179.

ments à opérer dans la disposition des troupes. Les colonels ou autres commandants de troupe sont chargés de l'exécution.

Le major de tranchée veille à ce qu'il y ait toujours, pour aller chercher les blessés, des hommes et des brancards. Une ou plusieurs compagnies des troupes de garde à la tranchée sont mises à sa disposition spéciale pour le maintien de l'ordre et pour la police.

L'infanterie employée aux siéges ne change point l'ordre général de son service.

200. Les divisions, les brigades, les régiments et les bataillons sont campés pendant le siége dans l'ordre de bataille qui leur est habituel.

Le service intérieur et extérieur continue d'être exécuté comme il a été déterminé par le présent règlement.

Le service dans les siéges est réglé d'une manière particulière, et ainsi qu'il va être exposé.

Service de l'infanterie dans les siéges.

201. L'infanterie a dans les siéges deux espèces de service : la *garde de tranchée* et le *travail de tranchée.*

Gardes et travailleurs de tranchée.

202. La garde de tranchée se monte par jour et par bataillon. Pour que tous les corps y concourent également, et que la ligne du camp ne soit pas dégarnie entièrement sur un point, on observe la règle

suivante : s'il ne faut qu'un bataillon, chaque division le fournit alternativement ; s'il en faut deux, chaque division fournit le sien ; s'il en faut trois, une division en fournit deux, l'autre un, et alternativement. Les deux bataillons à fournir par une division ne sont pas pris dans la même brigade. Le tour commence dans chaque régiment par le premier bataillon ; il continue par le deuxième, et ainsi de suite.

Le service des travailleurs de tranchée se fait par compagnie, et dure habituellement douze heures. Il est réglé de manière que tous les régiments y concourent, soit simultanément, soit successivement.

Les détachements de travailleurs de tranchée, à fournir par un régiment, ne doivent jamais être moindres d'une compagnie. En conséquence, si le nombre des travailleurs était tel, par exemple, que chaque régiment dût fournir une demi-compagnie, un régiment sur deux, alternativement, fournirait le détachement nécessaire.

Si le nombre d'hommes demandé n'est pas en rapport exact avec celui d'une compagnie ou de plusieurs compagnies, le détachement est fourni ou complété par une ou plusieurs fractions constituées de la compagnie qui doit marcher après la dernière commandée.

Vingt-quatre heures ou douze au moins avant de monter la garde de tranchée, les bataillons commandés ne fournissent pas de travailleurs, et les compagnies de ces bataillons, que leur tour aurait appelées aux travaux de tranchée, n'y vont qu'après un repos de vingt-quatre heures, s'il est possible, ou de douze au moins.

Les travailleurs, qui sont demandés pour des travaux autres que ceux de tranchée, sont pris au deuxième tour du service de campagne, dans les bataillons et compagnies non employés à la tranchée.

Le premier bataillon à marcher pour la garde de tranchée, et les compagnies les premières à marcher pour les travaux, ne fournissent pas de service et sont commandés de piquet pour être prêts à marcher au premier avis du major de tranchée.

Les grenadiers et les voltigeurs marchent avec leur bataillon pour la garde de tranchée.

Les grenadiers forment habituellement la réserve; les voltigeurs sont employés de préférence au service des avant-postes et comme tirailleurs de tranchée. Lorsque cela est jugé nécessaire, on ajoute aux grenadiers et aux voltigeurs des compagnies ou des fractions constituées de compagnies de fusiliers.

Les compagnies d'élite concourent avec celles de fusiliers aux travaux de la tranchée, à moins que les circonstances ne déterminent le général commandant le siége à les charger d'un service particulier; si cela est, il prescrit l'ordre dans lequel elles doivent marcher.

Le personnel et le matériel d'artillerie que peuvent avoir les régiments d'infanterie sont, pendant toute la durée du siége, à la disposition du commandant de l'artillerie.

Lorsque les travailleurs peuvent être payés, ils le sont par tranchée, d'après les prix réglés, sur la proposition du commandant du génie et du commandant de l'artillerie, par le général commandant le siége.

Les matériaux de siége, tels que fascines, gabions, claies, piquets, etc., sont fournis par les divers corps employés au siége, dans la proportion réglée par le général commandant ; ces objets, lorsqu'ils doivent être payés, le sont à la pièce ou à la journée, d'après les prix déterminés par le général sur la proposition des commandants du génie et de l'artillerie.

Lorsque l'artillerie et le génie ont besoin d'auxiliaires pour les travaux de mine, de sape ou de construction, ils les reçoivent de l'infanterie, et les paient sur le même pied que leurs propres travailleurs.

Les bataillons de garde et les travailleurs allant à la tranchée se rendent au lieu du rassemblement, sans bruit de caisse ni musique. On évite, particulièrement le jour de l'ouverture de la tranchée, tout ce qui pourrait attirer l'attention de l'ennemi. Le général commandant le siége peut, dans ce but, varier les heures de relever.

Les travailleurs sont demandés au *général commandant le siége par les commandants du génie et de l'artillerie. Ils adressent leurs états de demande au chef de l'état-major, qui prend les ordres du général en chef (1).*

Les demandes doivent être faites à l'avance, de manière à ce que la marche des travaux n'en soit jamais retardée. Il doit être demandé au delà du nombre d'hommes strictement nécessaire, afin qu'il existe toujours une réserve pour les cas imprévus.

Si, accidentellement, cette réserve même devient insuffisante, le général ou le major de tranchée peuvent, sur la demande des commandants de l'artillerie et du génie de tranchée, faire fournir par les piquets un supplément de travailleurs.

Le major de tranchée dispose, au moment de leur départ, les gardes de tranchée et les travailleurs dans l'ordre le plus convenable pour que chaque détachement puisse, sans confusion, se rendre au lieu qui lui est assigné.

Les troupes de garde sont placées dans la tranchée suivant leur ordre de bataille, de façon que les corps ou détachements de la droite montent à la droite des attaques, et que ceux de la gauche montent à la gauche.

Les bataillons sont commandés la veille ; ils ne fournissent aucun autre service pendant qu'ils sont

---

(1) Paragraphe modifié par l'ordonnance du 9 décembre 1840. *Journal militaire*, p. 555.

de tranchée. Un bataillon qui serait seul de son régiment laisserait au camp sa garde de police, composée des hommes malingres.

Autant que possible, les compagnies de travailleurs sont placées dans les tranchées d'après le rang de bataille de leur régiment.

Les réserves de travailleurs sont placées au dépôt de tranchée ou dans tout autre lieu, s'il en est un plus à portée du service.

Les travailleurs laissent leur sac et leur sabre au camp. Ils marchent à la tranchée avec leur fusil et leur giberne, qu'ils déposent près d'eux pendant le travail. Ils y portent toujours leur capote pour s'en couvrir dans les instants de repos ou en cas de blessure.

Les gardes entrent dans la tranchée les armes descendues; il en est de même des travailleurs, à moins qu'ils ne soient chargés de matériaux de siége ou d'outils : dans ce cas, ils ont le fusil en bandoulière.

Les gardes et les détachements de travailleurs envoient un caporal d'ordonnance à la queue de la tranchée pour servir de guide aux troupes qui doivent les relever.

Les troupes qui descendent la tranchée marchent par le flanc, la gauche en tête, à moins que leur droite ne soit plus près du point par lequel el.es doivent sortir; elles ont les armes descendues.

Les bataillons de garde sont disposés de manière

à protéger les travailleurs et à défendre les batteries.

Des sacs à terre formant créneaux sont placés sur l'épaulement de la tranchée pour couvrir les sentinelles. On établit un plus grand nombre de ces créneaux qu'il n'est nécessaire, afin que l'ennemi ne puisse connaître exactement la position des sentinelles.

Lorsque des détachements sont placés en avant de la tranchée pour couvrir les travailleurs, les hommes qui les composent se tiennent assis ou couchés, selon le terrain, et de la manière qui les dérobe le mieux à l'ennemi ; ils ont toujours le fusil à la main. Les sentinelles mettent souvent l'oreille près de terre, surtout pendant la nuit, afin d'être avertis, par le bruit, de ce qui sort de la place. Pour éviter toute méprise, on fait connaître aux travailleurs quelles sont les troupes qui les couvrent.

Les détachements sont munis de bidons pour aller chercher l'eau nécessaire aux travailleurs.

Il n'est pas rendu d'honneurs dans la tranchée. Quand le général commandant le siége la visite, les troupes de garde se placent derrière la banquette, reposées sur leurs armes.

Les drapeaux ne sont portés à la tranchée que quand le régiment marche en totalité, pour repousser les sorties ou pour donner l'assaut. Dans ce cas même, ils ne sont déployés qu'à l'instant où le général commandant le siége en donne l'ordre formel.

Dépôts des outils, gabions, etc.

203. Les matériaux de siége de toute espèce, ainsi que les outils, sont réunis partie aux dépôts de tranchée, et partie à la queue de la tranchée, ou dans tout autre lieu déterminé d'après les besoins du service, par le major de tranchée, sur la proposition de l'officier de l'artillerie et de l'officier du génie. Ils y sont placés sous la surveillance respective d'un officier du génie et d'un officier d'artillerie, auxquels on adjoint des gardes ou des sous-officiers de ces deux armes. En cas d'insuffisance du nombre de ces sous-officiers ou gardes, il y est suppléé, sur la demande des commandants du génie et de l'artillerie, par des sous-officiers d'infanterie.

Les travailleurs pour la tranchée portent, en se rendant à leurs postes, des matériaux de siége et des outils, toutes les fois que cela est demandé par les officiers du génie et de l'artillerie de service. Lorsque cette disposition doit avoir lieu, le major de tranchée, qui est prévenu, en surveille ou fait surveiller l'exécution.

Munitions.

204. Les soldats de service à la tranchée doivent toujours avoir dans leur giberne le nombre de cartouches fixé; s'ils le consomment pendant le cours de leur service, il leur en est délivré d'autres sur des bons des chefs de bataillon de tranchée, visés par le général de tranchée.

Cas de sortie de l'ennemi.

205. En cas de sortie de la place, les troupes de garde se portent rapidement aux lieux qui leur ont été désignés d'avance par le général de tranchée, et qui offrent le plus de moyens pour défendre, soit la tête des travaux, soit les batteries; pour protéger les communications et les flancs des attaques; pour prendre la sortie elle-même en flanc ou à revers.

Après avoir garni les banquettes pour fusiller l'ennemi, les troupes se forment sur le revers de la tranchée pour le recevoir.

Les travailleurs prennent leurs armes, soit pour rester de pied ferme, si cela leur est ordonné, soit pour se retirer en emportant leurs outils. Les officiers commandant les détachements de travailleurs font exécuter ces mouvements avec ordre et promptitude, de manière à prévenir tout encombrement des communications.

Les troupes qui, pour repousser l'ennemi, se sont portées hors de la tranchée, ne doivent pas se livrer à la poursuite. Le général de tranchée a soin de les faire rentrer à leurs postes avant que la retraite des assiégés permette à l'artillerie de la place d'agir librement contre elles. Les travailleurs sont ramenés à la tranchée. Les officiers et sous-officiers des détachements font l'appel de leurs hommes pendant le travail, qui est repris sans perdre de temps.

Service de la cavalerie.

206. Lorsque les circonstances exigent qu'on emploie à pied des troupes de cavalerie au service de tranchée, elles sont placées, autant que possible, dans les parties de la tranchée les plus voisines de leur camp, et intercalées entre les détachements d'infanterie.

Les troupes à cheval peuvent être employées dans les assauts à porter des fascines et autres matériaux, pour combler des fossés et former des passages.

Les officiers généraux de cavalerie sont plus particulièrement employés au service des postes et des détachements placés en observation, pour protéger le siége.

Ils sont encore chargés, ainsi que les officiers supérieurs de leur arme, de commander les escortes des convois, quelles que soient les armes qui composent ses escortes. Quand ces divers services ne les occupent pas suffisamment, ils concourent au service de tranchée.

Rapport des officiers de tranchée.

207. Les officiers du génie et de l'artillerie de tranchée font au général de tranchée *tous les rapports qu'il leur demande sur les travaux et lui remettent l'état des pertes qu'ils ont faites dans les troupes de leur arme.*

Après avoir descendu la tranchée, ils font à

leurs chefs directs des rapports sur les détails de leur service respectif (1).

A la fin de chaque tranchée, le major de tranchée rédige, sur le service des vingt-quatre heures, un rapport en deux expéditions, qui sont remises, l'une au général de tranchée, l'autre au chef de l'état-major général.

Les commandants du génie et de l'artillerie du siége adressent de leur côté, chaque jour, au général commandant le siége, un rapport sur l'état des travaux et sur ce qui concerne leur service respectif au siége.

Les chefs de corps font à leur maréchal de camp le rapport des pertes qu'ils ont éprouvées, et de la conduite des officiers, sous-officiers et soldats pendant le travail de tranchée.

Distributions extraordinaires.

208. Le général commandant un siége prescrit à l'intendant militaire toutes les dispositions nécessaires pour assurer aux troupes de tranchée des distributions extraordinaires de vivres et de liquides. Il a toute latitude à cet égard.

Secours aux blessés:

209. Le chef de l'état-major se concerte avec

---

(1) Nouvelle rédaction conforme à l'ordonnance du 8 avril 1837, *Journal militaire*, p. 183.

l'intendant afin d'organiser les moyens de transport
et de secours pour les blessés ; à défaut d'infirmiers
militaires, on emploie des habitants.

Dispositions en cas d'assaut.

210. Quelque praticable que paraisse la brèche,
quelque ruinés que soient les ouvrages en arrière,
il faut toujours que les têtes de colonne soient, avant
de marcher à l'assaut, munies d'un certain nombre
d'échelles, afin de surmonter plus facilement les ob-
tacles imprévus.

Le général commandant le siége désigne des
compagnies d'élite exclusivement destinées, dès l'entrée des troupes dans la place, à protéger les pro-
priétés et les personnes, à empêcher partout le pillage et la violence. Les officiers font tous leurs efforts pour contenir leurs troupes.

Le général désigne les lieux qui doivent être plus
particulièrement protégés : au nombre de ces lieux
sont les églises, les temples et les maisons religieuses, les hôpitaux et hospices, les colléges et pensionnats, l'hôtel-de-ville, les magasins militaires et
civils. L'ordre doit rappeler, en outre, que les in-
fracteurs sont traduits devant les tribunaux militaires et jugés comme voleurs à main armée.

Magasins militaires et caisses publiques dans les villes prises.

211. Soit que la place ait été prise d'assaut, soit
qu'elle ait capitulé, les approvisionnements de bou-

che et de guerre, ainsi que les caisses publiques, sont réservés pour le service de l'armée; ils sont recueillis par les officiers de l'artillerie et du génie, par les intendants militaires et par les payeurs.

TITRE XX.

DE LA DÉFENSE DES PLACES.

Commandants de place, commandants supérieurs.

212. Lorsque le Roi n'a pas nommé au commandement d'une place dans un pays occupé par l'armée, le commandant en chef y pourvoit; il peut encore, en cas d'urgence, et pour des motifs graves, dont il rend compte sur-le-champ, donner des commandants supérieurs aux places menacées, qui n'en ont pas été pourvues par le Roi.

Les officiers employés en vertu de cette disposition continuent, jusqu'à ce qu'ils aient été nommés par lettres de service, à faire partie de l'armée et à recevoir les appointements de leur grade et de de leur arme. Ils n'ont droit, en plus, qu'aux frais de bureau.

A l'armée, les commandants de place sont sous les ordres des généraux commandant l'arrondissement dans lequel leur place est comprise, mais non sous ceux des officiers généraux qui, seuls ou avec des troupes, se trouvent occasionnellement dans le rayon de cette place.

Rapports des commandants de place ou de division territo-
riale avec les commandants de troupes.

213. Lorsqu'un officier général ou supérieur
commandant un corps de troupes se trouve à la tête
de ces troupes dans l'intérieur ou dans le rayon d'investissement d'une place de guerre, sans lettres de
service qui lui donnent droit de commandement sur
cette place, il doit, sur la demande de l'officier qui
y commande, faire publier les ordres et fournir les
gardes nécessaires à la conservation et à la police
de la place. Ces gardes passent sous les ordres du
commandant; les officiers, sous-officiers et soldats
isolés sont soumis à sa surveillance; s'il les fait arrêter pour motif de désordre, il en prévient le général commandant.

De même, les généraux commandants de division
ou de brigade active, faisant partie d'une armée,
exécutent, quelle que soit leur ancienneté, les ordres du commandant territorial, pour le mouvement
des troupes, le service à fournir, la police et la discipline, autant que toutes ces choses sont relatives
à la tranquillité du pays : ils sont tenus de lui fournir les états de situation de leurs troupes.

Autorité des commandants de place en cas de siége.

214. En cas de siége, l'autorité du commandant
supérieur ou du commandant ordinaire est absolue;
elle s'étend jusque sur l'administration intérieure
des corps, sur les travaux et sur les divers servi-

ces. En conséquence, les commandants des troupes, ceux de l'artillerie et du génie, et les intendants militaires, sont tenus de prendre toutes les mesures d'administration intérieure, d'exécuter tous les travaux, de faire en un mot toutes les dispositions de service que le commandant juge, dans l'intérêt de la défense, à propos de leur prescrire.

Les commandants des citadelles, des forts, des châteaux et autres fortifications qui dépendent d'une place, sont sous les ordres de l'officier qui commande dans cette place.

Dispositions préliminaires pour la défense.

215. Tout commandant doit considérer sa place comme pouvant être attaquée à l'improviste : en conséquence, il établit son plan de service et de défense suivant les hypothèses d'attaque les plus probables; il détermine, pour les principaux cas, les postes et les réserves, le mouvement des troupes, l'action et le concours de tous les corps et de tous les services.

Il s'attache particulièrement à bien connaître la situation,

1° De l'intérieur de la place, des fortifications, bâtiments ou établissements militaires;

2° Du terrain extérieur, dans les rayons d'attaque, d'investissement et d'activité;

3° De la garnison, de l'artillerie, et des munitions et approvisionnements de toute espèce;

4° De la population à nourrir en cas de siége, des

hommes capables de porter les armes, des maîtres et des compagnons ouvriers susceptibles d'être occupés aux travaux ou employés en cas d'incendie; des subsistances, des matériaux, des outils et des autres ressources que la ville et le pays qui l'environne peuvent fournir, ou dont il convient de s'assurer précautionnellement.

Dans toute place dont les troupes ennemies s'approchent à moins de trois journées de marche, le commandant, sans attendre la déclaration de l'état de siége, ni les ordres du ministre ou du commandant de l'armée, est revêtu de l'autorité nécessaire,

1° Pour faire sortir les bouches inutiles, les étrangers et les gens notés par la police civile ou militaire;

2° Pour faire rentrer dans la place, ou pour empêcher d'en sortir, les ouvriers, les matériaux et autres moyens de travail; les bestiaux, les denrées, et autres moyens de subsistance;

3° Pour ajouter aux ouvrages tout ce qui peut servir à prolonger la défense;

4° Pour faire détruire, par la garnison ou par la garde nationale, tout ce qui peut, dans l'intérieur de la place, gêner la circulation de l'artillerie et des troupes; tout ce qui peut, à l'extérieur, offrir quelque couvert à l'ennemi et abréger ses travaux d'approche.

Conseil de défense.

216. Dans les cas graves, le commandant de la place consulte les commandants des troupes, les commandants de l'artillerie et du génie, l'intendant militaire, séparément ou en conseil de défense; mais quels que soient les avis, il décide seul et d'après sa propre conviction.

Conduite dans la défense.

217. Le commandant défend successivement ses ouvrages et ses postes extérieurs, ses dehors, sa contrescarpe, son enceinte et ses derniers retranchements.

Il ne se contente pas de déblayer le pied de ses brèches et de les mettre en état de défense par des abatis, des fougasses, des feux allumés; en un mot, par tous les moyens usités dans les siéges; il doit encore commencer de bonne heure, derrière les bastions ou les fronts d'attaque, les retranchements nécessaires pour soutenir au corps de la place un ou plusieurs assauts; il emploie à ces retranchements les habitants; il y fait servir les édifices publics, les maisons particulières et les matériaux des bâtiments que les bombes ont ruinés.

Dans ces défenses successives, le commandant ménage la garnison, les munitions de guerre et les subsistances, de manière,

1° Qu'il ait toujours pour la reprise de ses dehors, pour les assauts et spécialement pour l'assaut au corps de la place, une réserve de troupes fraîches composée d'hommes choisis parmi les vieux soldats;

2° Qu'il lui reste des munitions et des subsistances en quantité suffisante pour soutenir vigoureusement les dernières attaques.

Responsabilité des commandants de place.

218. Les lois militaires condamnent à la peine capitale tout commandant qui livre sa place, sans avoir forcé l'assiégeant à passer par les travaux lents et successifs des siéges, et avant d'avoir repoussé au moins un assaut au corps de la place sur des brèches praticables (1).

Dans la capitulation, le commandant ne se sépare jamais de ses officiers ni de ses troupes; il partage le sort de la garnison, après comme pendant le siége; il ne s'occupe que d'améliorer la situation du soldat, des malades et des blessés, pour lesquels seuls il stipule toutes les clauses d'exception et de faveur qu'il lui est possible d'obtenir.

Tout commandant qui a perdu une place est tenu de justifier sa conduite devant un conseil d'enquête.

______

(1) Voir l'art. 111 du décret impérial du 24 décembre 1811 sur les états-majors des places, et l'art. 5 du décret impérial du 1er mai 1812.

11.

TITRE XXI.

DISPOSITIONS GÉNÉRALES.

Honneurs ; actes de l'État civil.

219. On se conforme en campagne, pour les honneurs militaires, les honneurs funèbres, les actes de naissance ou de décès, les scellés, inventaires, testaments, successions et tout ce qui concerne l'état civil, aux lois et ordonnances sur la matière, dont les chefs d'état-major de l'armée et des divisions, les intendants militaires et les conseils d'administration des régiments doivent porter avec eux un recueil, pour le consulter au besoin (1).

Commandement par intérim.

220. Les officiers généraux, les officiers et les sous-officiers qui exercent par *intérim*, soit un commandement, soit des fonctions de leur grade ou d'un grade supérieur, ont l'autorité, les devoirs et la responsabilité des titulaires ; mais, quant aux honneurs, ils n'ont droit qu'à ceux de leur grade.

Troupes à cheval.

221. Bien que souvent on n'ait employé dans la désignation des grades que les dénominations qui

---

(1) Voir le décret du 24 messidor an 12 et l'Instruction du 8 mars 1823, et les recueils annotés sur les honneurs et préséances militaires et sur l'état civil publiés par M. Garrel.

appartiennent à l'infanterie, la présente ordonnance est applicable aux grades correspondants des troupes à cheval, pour tous les cas que leur service embrasse.

Application du présent règlement aux rassemblements de paix et à l'instruction théorique.

222. Le présent règlement sera suivi non-seulement en campagne et dans les camps et cantonnements de guerre, mais encore, en temps de paix, dans les camps d'instruction, dans les troupes formées en divisions et brigades, et dans tout corps qu'on exercera au service de guerre. Il en sera fait usage aussi dans les théories.

Dispositions générales.

223. On ne pourra, dans aucune des dispositions d'exécution et de détail à intervenir, s'écarter des bases qui se trouvent établies dans ce règlement, ni des principes qu'il consacre. Toutes dispositions contraires sont abrogées.

224. Notre Ministre secrétaire d'Etat de la guerre est chargé de l'exécution de la présente ordonnance.

Paris, le 3 mai 1832.

LOUIS-PHILIPPE.

Par le Roi :

Le Ministre secrétaire d'État de la guerre,

M^{al} Duc de Dalmatie.

INSTRUCTION

POUR

LE TRACÉ ET L'ÉLÉVATION

DES TENTES

ET DES MANTEAUX D'ARMES.

TENTE DE TROUPE.

(POUR 16 HOMMES, 14 AU MINIMUM.)

Longueur, 6 mètres ; largeur, 4 mètres ; hauteur, 3 mètres.

Composition de la tente et du mobilier qui la garnit.

La ligne du front de bandière ainsi que les lignes de profondeur du camp étant données, la largeur des grandes et petites rues étant indiquée, chaque chef d'escouade commandant une tente recevra ses effets de campement, c'est-à-dire une tente, un bois de tente, composé d'une traverse ou faîtière et de deux montants, deux cales, deux goujons en fer, à chapeaux, deux maillets, six grands piquets, dix-neuf petits piquets, dont un de réserve ; une tablette à seize porte-manteaux, deux pelles, deux pioches, une serpe, une hache et deux bâtonnets.

Préparation du terrain.

Le chef d'escouade fera préparer le terrain où la tente doit être dressée. Ce terrain doit être uni, de niveau, et assez battu pour bien recevoir le tracé de la figure ci-après indiquée et retenir les piquets de bois, qui ne doivent y pénétrer qu'avec effort.

Sur la ligne de profondeur indiquant l'emplacement du milieu des tentes de troupe, les tentes seront dressées de la manière suivante :

Tracé de l'emplacement des tentes.

Le chef d'escouade de chaque tente de la première ligne enfoncera dans le sol un grand piquet, sur le front de bandière, à l'endroit où commencera la ligne de profondeur ; sur cette ligne, et contre ce piquet, il placera la traverse du bois de la tente, qui a deux mètres de longueur, et à l'extrémité de ce bois il enfoncera un petit piquet ; il répètera encore deux fois à la suite l'application de la traverse, en plaçant chaque fois à son extrémité un petit piquet (1), ce qui lui donnera la longueur de la tente (6 mètres), et lui indiquera, au moyen des 1ᵉʳ et 4ᵉ

___

(1) Le dernier piquet devra être de grande dimension, comme celui du front de bandière.

piquets (grands), les extrémités de la tente, et au moyen des 2e et 5e piquets (petits), l'emplacement des deux montants de son bois. Cet emplacement sera battu particulièrement, et avec soin, au maillet; on y apportera au besoin la terre nécessaire pour le maintenir au niveau du reste du terrain, et l'on placera une cale de bois à l'emplacement des montants.

Le chef d'escouade de chaque tente de la 2e ligne opérera de même sur la ligne de profondeur, en laissant la distance d'une traverse ou faîtière (2 mètres) entre le 4e piquet de la tente placée en 1re ligne et le 1er piquet de la sienne.

Les chefs d'escouade de chaque tente des autres lignes opéreront de même.

Chaque chef d'escouade placera un soldat près du 2e piquet, et lui fera tenir un bout de la traverse couchée sur la terre contre ce piquet, en le lui faisant maintenir toujours ainsi, pendant la conversion dont il va être parlé : le chef d'escouade se placera à l'autre bout de la traverse, contre la virole de laquelle il tiendra fixé, soit un petit piquet, soit un morceau de bois propre à tracer un cercle sur la terre : alors, en faisant une conversion entière, il tracera un cercle qui, ayant pour centre le 2e piquet, devra nécessairement passer par le 1er piquet (grand) et par le 3e (petit). Ce cercle étant terminé, il en tracera un autre en plaçant le soldat près du 3e piquet (petit); ce second cercle, qui aura le 3e piquet pour centre, passera par le 2e piquet (petit) et par le 4e piquet (grand). Ces deux cercles se couperont en deux points : le chef d'escouade indiquera le milieu de la tente en posant la traverse sur la ligne de profondeur, entre les 2e et 3e piquets ; le milieu de cette traverse est indiqué par un clou : à cette place, qui sera aussi le milieu de la tente, le chef d'escouade posera un petit piquet provisoire, ensuite, pour trouver l'emplacement des faces de la tente et du milieu des portes, le chef d'escouade placera la traverse à angle droit sur la ligne de profondeur, de manière qu'elle touche d'un bout au piquet provisoire dont on vient de parler, et que l'autre bout atteigne et dépasse le point où les deux cercles se coupent ; à l'extrémité de ce bout de la traverse, il placera un petit piquet, qui indiquera le milieu de la porte ; la même opération aura lieu ensuite de l'autre côté de la tente ; puis enfin, pour obtenir les faces de la tente, le chef d'escouade posera la traverse sur l'un des côtés du tracé, de manière que le clou qui est au milieu de cette traverse se trouve devant le petit piquet de la porte et que les bouts affleurent les deux cercles : alors il enfoncera un grand piquet à chaque bout et tracera une ligne droite tout le long de la traverse, ce qui indiquera la face de ce côté de la tente ; il en fera autant de l'autre côté. Cette figure ainsi tracée, l'aspect du terrain sera ainsi qu'il suit :

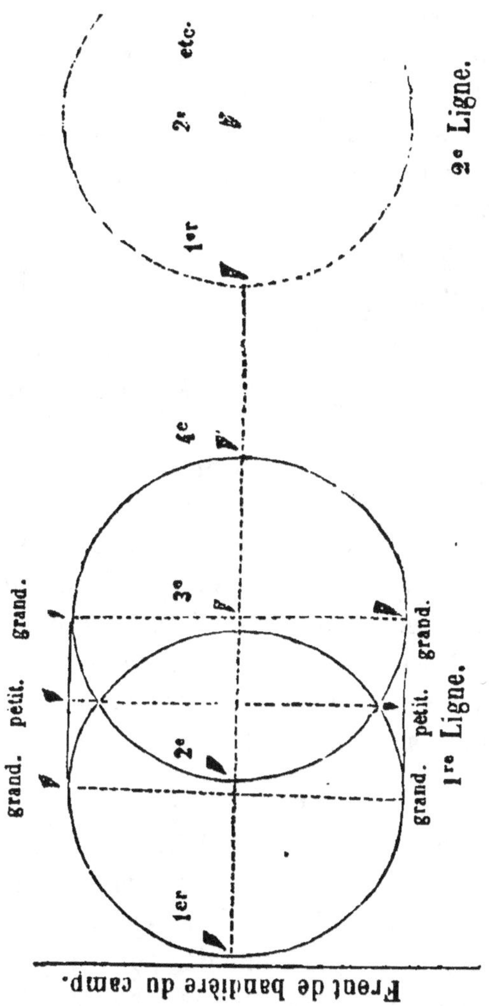

Creusement des fossés d'écoulement des eaux pluviales.

Le tracé étant terminé, le chef d'escouade fera
retirer le piquet provisoire du centre et creuser autour du tracé un fossé en talus, en affleurant les li-

gnes ; la terre provenant du fossé sera jetée sur le milieu de l'emplacement de la tente entre les piquets, n°s 2 et 3 ; ce fossé devra avoir au moins 25 centimètres de profondeur et autant de largeur au fond ; la pente du talus est indiquée dans la figure ci-dessous.

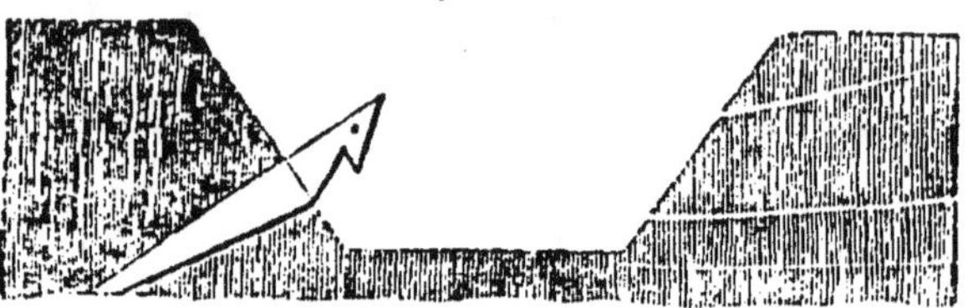

Lorsque le fossé sera terminé, les grands piquets n°s 1 et 4, les petits piquets du milieu des portes et les grands piquets des faces seront enfoncés aux deux tiers de la longueur dans le talus affleurant le tracé, à 16 centimètres du bord, et perpendiculairement à ce talus. La terre devra être assez serrée pour que les piquets y soient bien assurés dans la position indiquée par la figure ci-dessus.

Dressement de la tente.

Pour dresser la tente, on l'étendra de toute sa surface, pliée en deux, dans la grande rue, sur le terrain auprès du fossé : on débouclera les contre-sanglons des portes ; par l'une des portes, que l'on tiendra ouvertes, on introduira la traverse dans l'intérieur et on la placera sous le milieu du faîtage, de manière que la partie arrondie de cette traverse touche la sangle qui est dessous ; on prendra successivement chaque montant, en le présentant bien perpendiculairement à l'extrémité de la traverse, et l'on introduira un goujon de fer dans l'œillet qui existe sur le dessus du faîtage de la tente près de chacune de ses deux extrémités ; puis, dans le trou pratiqué à l'un des bouts de la traverse de bois que recouvre le faîtage, l'extrémité de ce goujon devra pénétrer ensuite dans le bout du montant, et on l'y fixera en exerçant une pression jusqu'à ce que le chapeau du goujon soit en contact avec le faîtage ; on opérera de même pour l'autre montant.

La tente ainsi préparée, deux soldats, conservant bien leur distance, l'enlèveront et viendront placer chaque montant sur les cales, auprès et en dedans des piquets 2 et 3 ; en sorte, qu'à ce moment, il n'y aura aucun piquet entre eux.

Deux soldats attacheront aux 1er et 4e piquets les cordes qui sont au bas des nervures bleues indiquant le milieu du cul-de-lampe ou ses extrémités. Deux autres soldats fermeront les portes de la tente en bouclant les contre-sanglons et en passant dans la boutonnière la corde qui lui correspond au bas de la tente. Ils attacheront cette corde au piquet du milieu de la face : la tente, ainsi attachée, sera abandonnée à elle-même ; les deux soldats qui maintenaient les montants dans l'intérieur devront ôter les piquets 2 et 3 et sortir de la tente avec eux, en passant sous les parties non fixées.

Les deux grands piquets fixés sur chacune des faces devront se trouver vis-à-vis des nervures bleues qui encadrent ces mêmes faces ; on y accrochera les cordes qui sont au bas de ces nervures. Sur chaque face, il restera entre son milieu et sa nervure deux cordes de chaque côté de l'ouverture; on enfoncera dans le fossé un petit piquet devant chacune d'elles, mais de manière qu'étant fixées à ces piquets, les cordes tirent plutôt vers le milieu de la porte que vers la nervure. Les quatre piquets serviront aussi à arrêter les cordes de fermeture des portes. Après cette opération, il restera encore douze petits piquets à placer aux douze cordes qui existent entre les nervures bleues des culs-de-lampe et celles des faces, à raison de trois entre chaque nervure. Le chef d'escouade les placera dans la ligne droite de chaque couture, et en face de chaque corde, en commençant toujours par celle du milieu. Il convient d'enfoncer d'abord les piquets seuls et de n'y fixer les cordes que lorsqu'ils présentent la solidité nécessaire.

Tous les piquets, au nombre de vingt-quatre, étant placés, on les enfoncera jusqu'à six centimètres environ du bec que forme chaque tête de piquet, ayant soin que la corde et le bas de la tente ne touchent pas la terre, mais que le bas de cette tente soit à deux centimètres de distance de la terre et descende environ d'un ou de deux centimètres dans le fossé sans toucher au sol par un seul point, afin que l'écoulement des eaux se fasse sans obstacle. Cette opération étant terminée, on ouvrira la porte du côté de la grande rue; on étendra avec soin, et bien à plat sur le terrain, la toile à pourrir qui garnit le bas de la tente; on recouvrira cette toile à pourrir de

cinq à six centimètres d'épaisseur de la terre provenant du fossé, afin d'intercepter l'air extérieur ;
mais on aura soin que cette terre ne touche nulle
part la toile de la tante, qui doit toujours être isolée
du sol et en être éloignée d'environ deux centimètres. Enfin, on répandra le reste de la terre également sur le terrain, après avoir comblé le fossé devant la porte, de manière qu'il y ait une pente douce
de la tente au dehors.

Enfin le chef d'escouade, après s'être assuré que
les deux montants du bois de tente ont les trous de
la tablette placés du côté des portes, apportera la tablette entre les deux montants ; puis, enfourchant
successivement les montants avec les bouts de la tablette et élevant cette dernière au-dessus des trous,
il y introduira les bâtonnets destinés à servir de tas-
seaux, et fera reposer ensuite la tablette dessus.
Cette tablette est destinée à supporter les shakos, le
pain et les outils.

Placement des fourniments et outils.

La tente étant ainsi dressée, le chef d'escouade
fera placer à chaque porte-manteau, en commençant
par le milieu de la tente, les fourniments de chaque
soldat et le sien, puis on posera d'abord les deux
pelles en dehors des montants, le manche en bas,
dans l'entaille formée à l'extrémité de la tablette ;
ensuite, on posera les deux pioches, également le
manche en bas, puis enfin la hache. La serpe sera
placée sur la tablette, en dedans des montants, et

contre l'un deux, le tranchant en l'air; les maillets seront aussi placés sur la tablette, près des montants, et le manche en l'air. Le contre-sanglon fixé aux montants servira à maintenir les manches des outils passés dans les entailles.

Pour aérer les tentes, il faut abattre l'arc-boutant de fer étamé qui est fixé au recouvrement de chacun des ventilateurs adaptés aux culs-de-lampe, ce qui donnera à ce recouvrement l'apparence d'un châssis à tabatière et laissera pénétrer l'air extérieur.

TENTE D'OFFICIER.

La tente d'officier étant de même forme et de même dimension que celle de troupe, sera dressée de la même manière. Il y a un pliant pour chaque officier qui l'habite.

TENTE DE CONSEIL A DOUBLE TOIT.

Même dimension que celle de la troupe.

Cette tente est composée d'un toit supérieur avec feston au faîtage, d'un toit inférieur avec ses murailles, de vingt-deux grandes cordes, armées chacune d'un postillon et d'un tuyau de bois peint; d'un bois composé de deux traverses ou faîtières, l'une inférieure, à grands trous aux extrémités; l'autre supérieure, à petits trous, et de deux montants; de deux maillets, de vingt-cinq petits piquets, dont un de réserve, et de vingt grands, dont deux de réserve; d'une table ovale à deux pieds avec agrafes; enfin, d'une tablette sans porte-manteau, de huit pliants, de deux bâtonnets et de deux fers de lance.

La surface de la tente de conseil étant la même que celle de troupe, sera tracée de même sur la ligne qui sera donnée. Lorsque le fossé sera terminé et les dix piquets placés suivant la figure indiquée à la tente de troupe, mais en ne se servant que de petits piquets, on tracera sur le terrain un grand demi-cercle autour de chacun des petits cercles qui indiquent la surface de la tente. A cet effet, on se servira de l'une des grandes cordes, qui toutes ont, d'un nœud à l'autre, 4 mètres 50 centimètres de long. Un soldat tiendra un nœud contre le 2e piquet, et le chef d'escouade, en faisant une demi-conversion à l'autre extrémité, et de toute la longueur de la corde tendue (le postillon étant au bout), tracera ce demi-cercle, qui commencera vis-à-vis de l'une des faces et finira vis-à-vis le milieu de l'autre. Il en fera autant en plaçant le soldat au 3e piquet. C'est sur les lignes de ces demi-cercles que devront se placer tous les grands piquets de la tente, et dans le même alignement que les petits piquets des faces et des extrémites de la tente.

Tous les grands piquets doivent être enfoncés aux trois quarts de leur longueur, le bec tourné du côté opposé à la tente, et toujours enfoncés obliquement dans le terrain, de manière que la tête du piquet

en soit la partie la plus éloignée de la tente ; la figure, sur le terrain, sera ainsi :

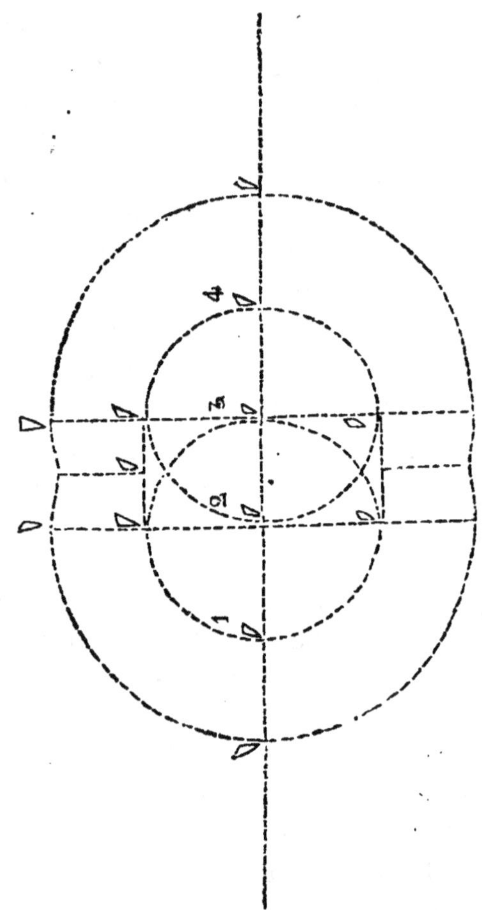

On étendra sur le terrain, et déplié, le toit inférieur avec ses murailles ; on placera sous la sangle
du faîtage, comme à la tente de troupe, la traverse
inférieure à grands trous, en ayant soin que cette

traverse pose sur le bois des montants, et que les goujons fixés à ces montants soient engagés dans les trous de la traverse et dans les œillets du faîtage du toit; puis on mettra la traverse supérieure à petits trous sur les mêmes montants, en faisant pénétrer les goujons dans les trous de cette seconde traverse. Ouvrant ensuite le toit supérieur, on placera la sangle de son faîte sur la traverse supérieure, en soulevant un peu les deux montants et la partie du toit inférieur qui sera en contact avec le sol, de manière à pouvoir introduire dessous la moitié du toit supérieur.

On fera pénétrer successivement chaque goujon dans les œillets du faîtage, de manière qu'ils le dépassent; on fixera à l'extrémité de chacun de ces goujons un fer de lance qui fera l'office d'un écrou. Cette opération étant terminée, deux soldats, conservant leur distance, enlèveront les montants avec les toits et viendront les placer en dedans, sur les cales de bois, contre les piquets 2 et 3. Alors on prendra chaque grande corde, on retirera son tuyau de bois, on fera passer le bout de la corde dans le trou pratiqué au bas du toit supérieur, sous chaque capuchon. On fera traverser le même bout de corde dans le tuyau de bois qu'on avait retiré, puis on le fera passer dans le trou du toit inférieur qui se trouve vis-à-vis; enfin, au-dessous de ce dernier toit, on arrêtera le bout de la corde par un nœud plat. Par ce moyen, tous les tuyaux se trouveront entre les parois des deux toits et les tiendront séparés lorsqu'ils seront tendus. Les vingt-deux cordes ainsi placées, on en accrochera d'abord deux aux grands piquets qui correspondent aux piquets n°⁸ 1 et 4, en plaçant sous le bec de la tête la boucle formée par la corde doublée qui retient le postillon, et l'on tendra légèrement le toit en remontant le postillon sur la corde, ce qui en agrandit la boucle; puis on en fera autant pour les quatre piquets des faces : sur ces quatre mêmes piquets on accrochera les quatre cordes qui sont sur les faces, en dedans des nervures, en sorte que ces piquets auront chacun deux cordes à soutenir.

Alors les deux hommes qui maintenaient les montants pourront les abandonner et retirer les piquets 2 et 3.

Il restera à placer les douze grands piquets de cul-de-lampe, qui doivent être trois par trois entre ceux déjà placés, et sur la ligne du demi-cercle tracé. Cette opération se fera en tendant chaque corde sur le prolongement de la couture qu'elle suit, ce qui les espacera également.

Les dix-huit grands piquets étant placés et les vingt-deux cordes accrochées dessus, on tendra les toits suffisamment, et comme il a été dit, en remontant les postillons sur la corde, et le chef d'escouade veillera à ce que les montants de la tente soient maintenus bien perpendiculairement au sol.

Les murailles étant suspendues au toit, on accrochera les cordes de leurs bases aux petits piquets qui y correspondent; puis on placera dans le fossé les douze petits piquets des culs-de-lampe, ainsi qu'il a été dit à la tente de soldat, et l'on y accrochera leurs cordes.

A l'intérieur et à l'extérieur de cette tente, il faudra opérer, pour la base des murailles et leur distance de terre, pour la toile à pourrir, pour la fermeture des portes, pour la terre à répandre et pour la pose de tablette (sans porte-manteau), comme à la tente de la troupe. Il ne restera plus à poser que la table, qui s'agrafera à ses extrémités dans deux pitons fixés aux montants : on débouclera le contre-sanglon qui retient les deux pieds : on assujettira ces deux pieds d'aplomb sur le sol, soit avec des cales de pierre ou de bois, soit avec un peu de terre battue, de manière que la table soit parfaitement horizontale en tous sens.

Les ventilateurs qui sont aux extrémités des culs-de-lampe de la muraille s'ouvrent et se ferment à volonté, de la même manière qu'aux tentes de troupe.

TENTE CONIQUE.

(POUR 40 HOMMES, 30 AU MINIMUM.)

Diamètre, 8 mètres ; hauteur, 3 mètres 60 centimètres.

Composition de la tente et du mobilier qui la garnit.

La ligne de front de bandière ainsi que les lignes de profondeur du camp étant données, la largeur

dés grandes et petites rues étant indiquée (1), chaque chef commandant une tente recevra ses effets
de campement, savoir :

Une tente ayant son chapeau fixé au cercle par
des contre-sanglons bouclés et ayant sa base garnie
de doubles agrafes de corde : les plus longues et les
plus grosses destinées à fixer la tente au sol, et les
plus minces devant servir à la ventilation ;

Un bois de tente, ou mât, composé de deux mor-
ceaux taillés en sifflet à l'une de leurs extrémités,
et s'assemblant par l'introduction simultanée de ces
sifflets dans les boîtes de tôle qui enveloppent la moitié de leur longueur ;

Une cale destinée à servir de socle au mât ;

Trente-quatre grands piquets, qui, pour l'intelli-
gence de leur emploi, doivent se désigner et se di-
viser ainsi :

8 principaux :
- 2 de profondeur ;
- 2 de portes ;
- 4 de nervures pour les nervures bleues de la tente ;

8 de droits fils (pour les coutures en droit fil des lés de
la tente) ;

---

(1) MM. les officiers chargés de tracer les lignes du camp
ne perdront pas de vue que les tentes coniques ont 8 mètres de diamètre ; qu'ainsi, trois de ces tentes sur les lignes
de profondeur exigent la même surface que quatre tentes
de soldat à 16 hommes, et que, sur le front du camp, une
tente conique équivaut à deux tentes de soldat, moins la
petite rue qui sépare ces deux dernières.

16 de biais (pour les coutures en biais des lés de la tente);
2 de réserve (en cas d'accident).

Quatre maillets, quatre pelles, quatre pioches, deux haches, deux serpes et un cordeau dit cordeau de tente conique, pour tracer la surface de la tente (1).

Préparation du terrain.

Le chef de la tente fera préparer le terrain où la tente doit être dressée, sans effacer les lignes tracées pour l'assiette du camp. Le terrain doit être uni, de niveau, et assez battu pour bien recevoir le tracé de la figure ci-après indiquée et retenir les piquets de bois, qui ne doivent y pénétrer qu'avec effort.

Sur la ligne de profondeur indiquant l'emplacement du milieu des tentes de troupe, les tentes seront dressées de la manière suivante :

Tracé de l'emplacement des tentes. — Emploi du cordeau de tente conique.

Le chef de la tente formant la première ligne pas-

---

(1) Ce cordeau doit avoir une boucle de corde à chacune de ses extrémités ; sa longueur totale est de 4 mètres. Entre ses deux boucles, il y a une mesure de 3^m05 indiquée par des ligatures en fil noir Avant de distribuer ces cordeaux, les officiers d'administration attachés au camp vérifieront s'ils ont conservé les dimensions ci-dessus indiquées, et ils les leur feraient retrouver en les tendant, si l'influence atmosphérique les avait raccourcis. Chaque cordeau devra être rendu à l'officier d'administration du camp, dès que les tentes auront été dressées.

12.

sera la pointe d'un piquet dans l'une des boucles du cordeau et placera cette pointe sur la ligne de profondeur, au point où elle touche le front de bandière. Il fera tendre par un soldat le cordeau sur la ligne de profondeur, et passer le bout d'un second piquet dans l'autre boucle du cordeau. A la place où arrivera et devra être enfoncé ce second piquet, le terrain sera bien battu avec un maillet et égalisé au sol par de la terre rapportée, afin que le poids de la tente n'y enfonce pas la cale. Le terrain ainsi préparé, le soldat y enfoncera de quelques centimètres le bout du piquet (le cordeau tendu), et ce piquet, maintenu perpendiculairement au sol par ce soldat, servira de centre à un cercle que le chef de la tente devra alors tracer en entier en tournant autour du soldat, ayant soin que le cordeau soit toujours également tendu pendant l'opération, et que le piquet dont il se servira pour tracer soit constamment perpendiculaire au sol (*fig.* **A** ci-après).

Le cercle étant achevé, le chef de tente fera retirer le piquet de centre et placer au même point la cale du mât; il fera ensuite enfoncer au quart de leur longueur les huit piquets principaux de la manière suivante : les deux piquets de profondeur seront placés aux deux points où le cercle coupe la ligne de profondeur. Pour trouver l'emplacement des quatre piquets de nervures, le chef de tente se servira de la mesure existant sur le cordeau et indiquée par les deux ligatures noires. A cet effet, il placera l'une de ces ligatures devant l'un des piquets

de profondeur et en dedans du cercle ; il fera tendre cette mesure à sa droite le long du cercle, jusqu'à ce que l'autre ligature touche le cercle ; puis,
il fera enfoncer un piquet au quart de sa longueur,
il en fera autant à sa gauche, et répétera la même
opération devant l'autre piquet de profondeur, ce
qui lui donnera l'emplacement voulu pour les quatre
piquets de nervure. Pour trouver l'emplacement des
deux piquets de porte, il suffira de se servir de la
même mesure, en s'appuyant devant l'un des piquets de nervure et cherchant sur le cercle, du côté
des rues du camp, le point où la ligature noire tou-
chera le cercle : là, devront être enfoncés les piquets
de porte (*fig.* B ci-dessous).

Le chef de la tente de la 2e ligne opérera de même
sur la ligne de profondeur, en laissant, entre le cercle de la tente de 1re ligne et le cercle de la sienne ,
une distance égale à la moitié de tout le cordeau (soit
le cordeau plié en deux).

Les chefs des tentes des autres lignes opéreront
de même.

L'emplacement de chaque tente étant ainsi tracé,
l'aspect du terrain sera ainsi qu'il suit :

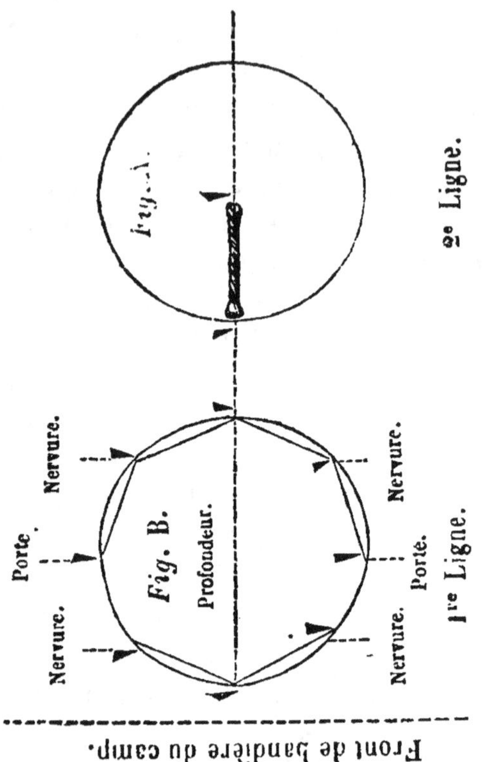

Le tracé étant terminé, le chef de tente fera creuser autour du tracé, et sans déranger les huits piquets, un fossé en talus, en effleurant la ligne du cercle; la terre provenant du fossé sera jetée et répandue sur l'emplacement de la tente; ce fossé devra avoir au moins 25 centimètres de profondeur et autant de largeur au fond; la pente du talus et la position des piquets sont indiquées dans la figure page 198.

Lorsque le fossé sera terminé, les huit piquets

principaux seront enfoncés aux deux tiers de leur longueur dans le talus affleurant le tracé, à 16 centimètres du bord, et perpendiculairement à ce talus, en ayant soin de les placer dans la même ligne (par rapport au centre du cercle) qu'ils occupaient sur le cercle. La terre devra être assez serrée pour que les piquets y soient bien assurés dans la position indiquée dans la figure précitée.

Dressement de la tente.

Pour dresser la tente, on l'étendra sur toute la surface, pliée en deux dans la grande rue sur le terrain, sa base auprès du fossé : on débouclera les contre-sanglons des portes ; par la porte qui se trouvera en dessus on introduira le mât assemblé dans l'intérieur de la tente, en le poussant jusque sous le chapeau, dont on présentera le dessous, afin de faire pénétrer dans la mortaise qui est au milieu le goujon qui termine le mât. La tente ainsi réunie au mât, un soldat se placera en arc boutant au bout de ce dernier, afin qu'il ne glisse pas sur le sol lorsqu'on élèvera la tente : deux soldats saisissant le mât aux trois quarts de sa longueur, deux autres maintenant le chapeau appuyé au mât, en tirant la tente par chacun des côtés de la porte et de la nervure la plus rapprochée, et enfin un cinquième soulevant le chapeau de terre sans le détacher du mât ; ces cinq hommes, par un effort simultané, devront dresser le mât et la tente jusqu'à ce qu'ils soient perpendiculaires au sol. Arrivés à ce point, les deux soldats qui tendaient sur la toile des portes devront, chacun de son côté, embrasser et soulever la toile formant la moitié de la base de la tente, en l'écartant chacun du chemin que devront parcourir les soldats chargés de porter le mât sur la cale. On transportera ainsi la tente au milieu du cercle ; on placera l'extrémité inférieure du mât sur le milieu de la cale, les portes de la tente faisant face aux rues du camp ; plusieurs soldats maintiendront le mât perpendiculairement au sol ; d'autres fermeront les portes extérieurement, en passant seulement dans la boutonnière de leur base la petite corde servant d'agrafe, et accrocheront ces cordes aux piquets des portes, quatre autres soldats accrocheront aux piquets de nervure les doubles cordes qui leur appartiennent, en ayant soin d'accrocher les grosses cordes les premières, et ensuite les plus minces. Cette opération faite, les hommes qui maintenaient le mât devront l'abandonner et sortir de la tente ; on accrochera ensuite les doubles cordes qui correspondent aux piquets de profondeur, et la tente sera fixée ainsi aux huit piquets principaux placés à l'avance dans le talus du fossé. Huit autres piquets, dits de droit fil, seront enfoncés dans le fossé à distance égale des piquets principaux et entre chacun d'eux ; pour trouver leur place, il suffira de tendre sur les doubles cordes de ces droits fils, en attirant la tente vers le cercle, et de manière que la tente soit également tendue à droite et à gauche, et que la couture de la toile soit en ligne droite avec les cordes : là devront être enfoncés dans le talus les huit piquets de droit fil, et on y accrochera les doubles cordes qui y correspondent. Enfin , on enfoncera dans le talus seize piquets, dits de biais, entre chacun des piquets déjà placés ; on usera du même moyen pour trouver leurs places, et on y accrochera les doubles cordes qui y correspondent.

Tous les piquets, au nombre de trente-deux, étant placés, on les enfoncera jusqu'à 6 centimètres environ du bec que forme chaque tête de piquet, ayant soin que les cordes et les bas de la tente ne touchent pas la terre, mais que le bas de cette tente en soit à 2 centimètres de distance, et descende environ de 1 ou de 2 centimètres dans le fossé, sans toucher au sol, afin que l'écoulement des eaux s'y fasse sans obstacle. Cette opération terminée, on ouvrira la porte donnant entrée sur la grande rue ; on étendra avec soin et bien à plat sur le terrain la toile à pourrir qui garnit le bas de cette tente ; on recouvrira cette toile à pourrir de 5 à 6 centimètres d'épaisseur de la terre provenant du fossé, afin d'intercepter l'air extérieur ; mais on aura soin que cette terre ne touche nulle part la toile de la tente , qui doit toujours être affranchie de tout contact avec le terrain ; enfin on répandra le reste de la terre du fossé également sur le terrain, après avoir comblé ce fossé devant la porte, et en pente douce de la tente à la rue.

Lorsque l'on voudra aérer la tente autrement que par l'ouverture des portes, on commencera par dégager la toile à pourrir de la terre dont elle sera recouverte, puis on décrochera des piquets toutes les petites cordes ; enfin, relevant la base et la couchant à plat sur la tente, on arrêtera ces petites cordes dans des agrafes de fer qui sont fixées au-dessus de ces cordes, et dans les mêmes lignes de la couture des lés dont elles dépendent.

MANTEAUX D'ARMES.

Les nombres inégaux de laizes qui entrent dans la confection des manteaux d'armes ne permettent pas d'opérer un tracé sur le terrain avant la pose de ces manteaux, ni d'apprécier le nombre de piquets nécessaires à chacun d'eux. C'est donc au coup d'œil qu'il faut les dresser, en présentant la nervure bleue sur la ligne des faîtières de tente.

Les manteaux d'armes doivent être entourés d'un fossé comme les tentes ; et le bas de ces manteaux, bien que dépourvu de toile à pourrir, doit être isolé du sol à une distance de deux centimètres.

OBSERVATIONS GÉNÉRALES.

Toutes les tentes doivent être dressées plutôt molles que trop tendues, parce qu'en se retirant lors des pluies, les toiles, par une tension trop forte, arracheraient les piquets (1).

____

(1) Lorsque les tentes ont été mouillées par la pluie, il

Il faut, en enfonçant les piquets, frapper d'aplomb sur leur tête dans la direction qu'ils doivent avoir, et éviter les grands coups de maillet, qui les émoussent promptement ou les cassent.

Enfin, MM. les officiers devront veiller à ce que la troupe ne fasse usage des sacs et des couvertures de campement que pour se coucher, et à ce que ces effets ne servent jamais ni au nettoyage des armes, ni à des transports de vivres, de pierres, de cailloux, de terre, de sable, etc.

Ils devront aussi tenir rigoureusement la main à ce que les fossés soient bien entretenus ; à ce que le bas des tentes ne soit ni en contact avec le sol, ni recouvert de terre, afin que les eaux pluviales puissent s'écouler dans les fossés sans rencontrer aucun obstacle sur les murailles, et sans pouvoir pénétrer dans la terre étendue à l'intérieur de la tente sur la toile à pourrir.

Ils devront aussi faire ouvrir tous les jours les portes, des deux côtés des tentes.

---

faut les tenir ouvertes jusqu'à ce qu'elles soient complétement séchées.

DEVOIRS

DES OFFICIERS D'ADMINISTRATION

DU SERVICE DU CAMPEMENT.

Pendant la durée des camps, les officiers d'administration devront vérifier fréquemment si l'on se conforme aux observations qui précèdent, si la base des tentes est isolée de la terre, si le faîtage est bien placé par rapport aux goujons, et dans quel éta sont les effets et les outils de campement ; ils feront exécuter immédiatement sur place, toutes les fois que cela sera possible, et aux frais de qui de droit, les réparations dont le matériel aura besoin. Les effets et les outils non susceptibles d'être réparés sur place seront réintégrés en magasin et remplacés. Ceux qui seront tout à fait hors de service, ou qui ne pourront être représentés, seront remplacés à la charge des hommes qui les auraient détériorés ou perdus.

Les officiers d'administration ne pourront, toutefois, procéder aux vérifications qu'en vertu d'un ordre écrit du sous-intendant militaire, qui devra se concerter, au préalable, avec le commandant du camp pour fixer, selon les exigences du service, les jours et les heures des vérifications.

Les officiers d'administration seront munis d'un carnet sur lequel ils consigneront, tente par tente, toute infraction aux prescriptions qui précèdent et toute dégradation de matériel provenant du fait des hommes.

Des rapports successifs extraits de ce carnet, qui sera transmis au ministre après la levée du camp, seront adressés par les officiers d'administration au sous-intendant militaire, immédiatement après les vérifications auxquelles ils auront procédé.

Paris, le 14 juin 1843.

Le Président du Conseil,
Ministre Secrétaire d'État de la guerre,

Signé M^{al} DUC DE DALMATIE.

TABLE

DES

TITRES ET DES ARTICLES.

TITRE Ier.

DE L'ORGANISATION DE L'ARMÉE ET DE SES ÉTATS-MAJORS.

CHAPITRE Ier.

DE L'ORGANISATION GÉNÉRALE DE L'ARMÉE.

CHAPITRE II.

DE L'ÉTAT-MAJOR GÉNÉRAL.

CHAPITRE III.

DE L'ÉTAT-MAJOR DE L'ARTILLERIE ET DE CELUI DU GÉNIE.

CHAPITRE IV.

DE L'INTENDANCE.

CHAPITRE V.

DES ORDONNANCES.

CHAPITRE VI.

S SOLDATS PRÈS DES OFFICIERS.

CHAPITRE VII.

DES DÉPÔTS.

TITRE II.

BASES DU SERVICE INTÉRIEUR EN CAMPAGNE.

TITRE III.

DES CAMPS ET DES CANTONNEMENTS.

TITRE IV.

DES ORDRES.

TITRE V.

DU MOT D'ORDRE.

TITRE VI.

DE L'ORDRE A OBSERVER POUR COMMANDER LE SERVICE.

TITRE VII.

DE LA GARDE DE POLICE, DU PIQUET.

CHAPITRE Ier.

DE LA GARDE DE POLICE.

CHAPITRE II.

DU PIQUET.

TITRE VIII.

DES GRAND'GARDES ET AUTRES POSTES EXTÉ-RIEURS.

TITRE XIII.

INSTRUCTION SOMMAIRE POUR LES COMBATS.

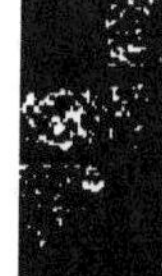

TITRE XVIII.

DES SAUVEGARDES.

TITRE XIX.

DES SIÉGES.

TITRE XX.

DE LA DÉFENSE DES PLACES.

CAMP D'UN RÉGIMENT DE 3 BATAILLONS EN PREMIÈRE LIGNE.
les Baraques étant pour 16 hommes.

Pl. 1.

Nota. L'unité de chaque cote représente un pas de 0^m. 66. (2 pieds).

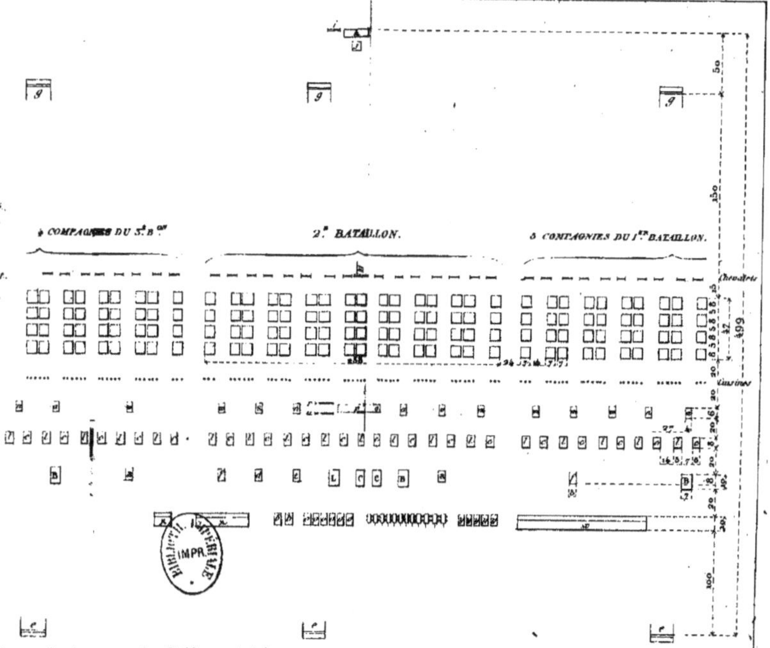

Lemaître sc.

CAMP D'UN RÉGIMENT DE 2 BATAILLONS EN SECONDE LIGNE.

les Baraques étant pour 8 hommes.

LÉGENDE.

- a. Adjudant-Major.
- a. Adjudant.
- b. Officiers d'Habillement et d'Armement.
- B. Chef de Bataillon.
- c. Capitaine.
- d. Porte Drapeau.
- e. Latrines des Officiers.
- f. Chirurgien.
- g. Latrines des Soldats.
- h. Abri du poste détaché de la garde de police.
- i. Chevalet du poste détaché.
- j. Barrique pour les prisonniers.
- C. Colonel.
- L. Lieutenant-Colonel.
- l. Lieutenant et S.-Lieuten.t
- m. Musiciens.
- n. Tambour-Major, Tamb.-M.rs
- o. Ouvriers.
- p. Abri de la garde de police.
- q. Abri des Officiers de cette garde.
- r. Faisceau de la garde de police.
- S. Vaguemestre.
- t. Trésorier.
- u. Faisceau du Piquet.
- v. Cantinier.
- w. Blanchisseuse.
- x. Chevaux de Fourgons.
- y. Soldats du Train.
- z. Chevaux d'Officiers.

Nota. L'unité de chaque cote représente un pas de 0.m 66. (2 pieds).

Lemaure sc.

CAMP D'UNE BATTERIE D'ARTILLERIE.

les Baraques étant pour douze Canonniers.

Pl.4.

LÉGENDE.

C. Capitaine.
L. Lieutenans.
S.S. S.ᵗˢ Officiers des sections.
S.R. S.ᵗˢ Officiers de la réserve.
I. Infirmerie.
B. Blanchisseuse.
C.C. Chevaux des Conducteurs &.ᶜ
C.S. Chevaux des servans &.ᶜ
P. Emplacement du parc.
G.P. Garde du parc.
Cuisine.
Fourrage.

OBSERVATIONS.

Les deux files de gauche sont disposées pour une batterie montée; la disposition de la file de droite se rapporte à une batterie à cheval. Ainsi donc, pour une batterie montée les trois files seraient semblables aux deux de gauche; pour une batterie à cheval elles seraient comme la file de droite.

Nota. Limite de chaque coté représente un pas de 0.ᵐ66. (2 pieds.)

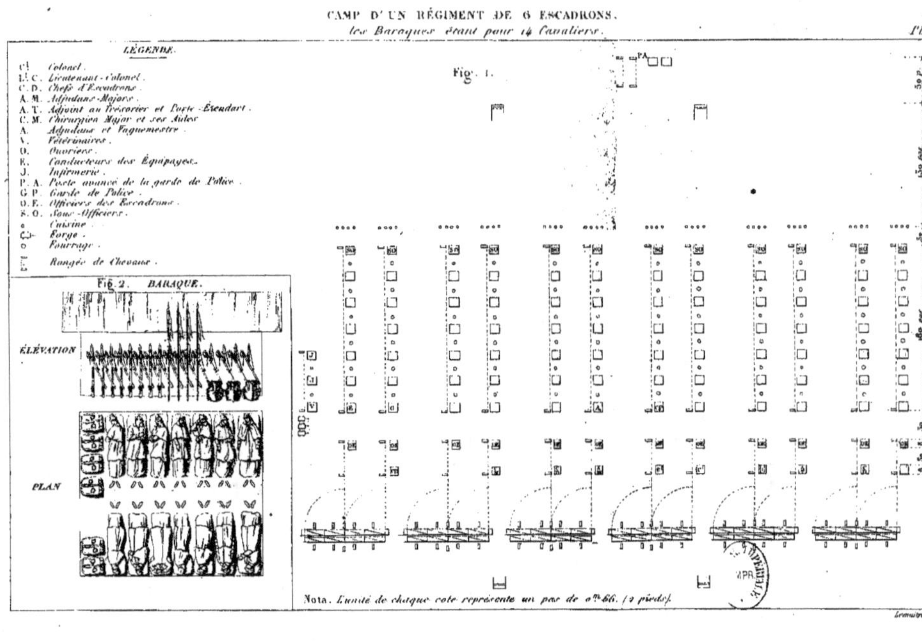

LÉGENDE.
C.¹ Colonel.
L.¹ C. Lieutenant-Colonel.
C. D. Chefs d'Escadrons.
A. M. Adjudans-Majors.
A. T. Adjoint au Trésorier et Porte-Étendart.
C. M. Chirurgien Major et ses Aides.
A. Adjudans et Vaguemestre.
V. Vétérinaires.
O. Ouvriers.
E. Conducteurs des Équipages.
J. Infirmerie.
P. A. Poste avancé de la garde de Police.
G. P. Garde de Police.
O. E. Officiers des Escadrons.
S. O. Sous-Officiers.
o Cuisine.
Forge.
o Fourrage.
Rangée de Chevaux.
Fig. 1.
Fig. 2. BARAQUE.
ÉLÉVATION
PLAN
Profondeur du camp 250 pas.

Nota. L'unité de chaque cote représente un pas de 0ᵐ.66. (2 pieds)

www.ingramcontent.com/pod-product-compliance
Lightning Source LLC
LaVergne TN
LVHW010956180726
843502LV00004B/1219